# PRACTICA TU ESPAÑOL
# EL LÉXICO DE LOS NEGOCIOS

Autoras: Ainhoa Larrañaga Domínguez
Margarita Arroyo Hernández

Directora de la colección: Isabel Alonso Belmonte

Español Lengua Extranjera

SOCIEDAD GENERAL ESPAÑOLA DE LIBRERÍA, S. A.

SGEL

Primera edición, 2005
Segunda edición, 2007


Produce SGEL - Educación
Avda. Valdelaparra, 29
28108 Alcobendas (Madrid).

© Ainhoa Larrañaga Domínguez y Margarita Arroyo Hernández (Autoras)
© Isabel Alonso Belmonte (Directora de la colección)
© Sociedad General Española de Librería, S. A., 2005
   Avda. Valdelaparra, 29, 28108 Alcobendas (Madrid).


Diseño: Cadigrafía, S. L.
Maquetación: Dayo 2000
Fotografías: Cordon Press, S. L., Archivo SGEL

ISBN-10: 84-9778-159-7
ISBN-13: 978-84-9778-159-6
Depósito legal: M-5279-2007
Printed in Spain – Impreso en España

Impresión: Edigrafos, S. A.

# ÍNDICE

Queremos expresarle nuestro
agradecimiento a Carlos Úcar,
por su ayuda desinteresada.

# PRESENTACIÓN

*El léxico de los negocios* es un libro de autoaprendizaje de ELE que presenta el léxico más utilizado en el mundo de los negocios en español. Está escrito por Ainhoa Larrañaga y Margarita Arroyo, profesoras de español como lengua extranjera, y se dirige a estudiantes que ya poseen conocimientos del mundo de los negocios y cuyo dominio de español ha alcanzado ya el nivel B2 (intermedio-avanzado). Cada unidad del libro ofrece numerosas actividades, algunas basadas en la explotación de textos extraídos de revistas y periódicos especializados; otras, de corte más lúdico, como crucigramas y sopas de letras. Consta de un solucionario en el que se encuentran las respuestas a los ejercicios del libro, y de un glosario final español-inglés e inglés-español, en el que se incluyen los principales términos que aparecen en el libro.

*El léxico de los negocios* puede resultar de gran ayuda para aquellos estudiantes que deseen acceder a alguna titulación específica en el ámbito del español de los negocios, como por ejemplo, el *Certificado Superior de Español de los Negocios* que ofrece la Cámara Oficial de Comercio e Industria de Madrid.

Isabel Alonso

# LA EMPRESA

## A. ¿QUÉ ES UNA EMPRESA?

**1** Completa la definición de «empresa» con las siguientes palabras:

trabajadores

propósito lucrativo

contratar

capital

Entidad

servicios

actividades industriales y mercantiles

_____ formada con un _____(2), y que aparte del propio trabajo de su promotor puede _____(3) a un cierto número de _____(4). Su _____(5) se traduce en _____(6) o en la prestación de _____(7).

**2** Relaciona las siguientes definiciones con el término correspondiente:

| | | | |
|---|---|---|---|
| **a.** objeto social | _____ | **f.** patrimonio | _____ |
| **b.** retribución | _____ | **g.** demanda | _____ |
| **c.** lucro | _____ | **h.** entidad | _____ |
| **d.** producir beneficios | _____ | **i.** contratar | _____ |
| **e.** oferta | _____ | **j.** mercado | _____ |

1. Cantidades de un bien o un servicio que se ponen a disposición del mercado.

2. Emplear a una persona para la prestación de un servicio o ejecución de una obra a cambio de una retribución.

3. Crear ganancias.

4. Conjunto de operaciones comerciales que afectan a un sector de bienes y servicios.

5. Conjunto de bienes de una persona, país o entidad.

6. Agrupación de personas que, con carácter público o privado, se organizan para desarrollar un objeto social.

7. Conjunto de bienes o servicios que los consumidores están dispuestos a adquirir.

8. Compensación o remuneración obtenida por la realización de una obra o la prestación de un servicio.

9. Ganancia conseguida con alguna operación o acto y que constituye el fin último de una sociedad.

10. El propósito que conduce a la formación de una empresa que puede ser muy preciso o contener una amplia variedad de actividades.

## B. CARGOS Y DEPARTAMENTOS DE UNA EMPRESA

**1** Lee el siguiente texto sobre el Grupo Inditex y busca en el recuadro sinónimos de las palabras en negrita:

| | | |
|---|---|---|
| 1. éxitos | 5. de ropa | 9. se localizan |
| 2. elaboración | 6. rápida | 10. cien |
| 3. tiendas | 7. peticiones | 11. organización |
| 4. creación | 8. ampliación | 12. imaginación |

Inditex es uno de los principales distribuidores de moda en el mundo con ocho formatos comerciales –Zara, Pull and Bear, Massimo Dutti, Bershka, Stradivarius, Oysho, Zara Home y Kiddy´s Class– que cuentan con 2.064 **establecimientos** (a) en 52 países.

El Grupo Inditex reúne a más de un **centenar** (b) de sociedades vinculadas con las diferentes actividades que conforman el negocio del **diseño** (c), la **fabricación** (d) y la distribución **textil** (e). La singularidad de su modelo de **gestión** (f), basado en la innovación y la flexibilidad, y los **logros** (g) alcanzados, han convertido a Inditex en uno de los mayores grupos de distribución de moda. Su forma de entender la moda –**creatividad** (h) y diseño de calidad y una respuesta **ágil** (i) a las **demandas** (j) del mercado– han permitido una rápida **expansión** (k) internacional.

La primera tienda Zara abrió en 1975 en La Coruña (España), lugar en el que inició su actividad el grupo y en el que **se ubican** (l) los servicios centrales de la compañía. Sus tiendas están presentes en más de cuatrocientas ciudades en Europa, África, Asia y América.

| | 2003** | 2002** | 2001** | 2000** | 1999** | 1998** |
|---|---|---|---|---|---|---|
| Cifra de negocios* | 4.599 | 3.974 | 3.250 | 2.615 | 2.035 | 1.615 |
| Beneficio neto* | 447 | 438 | 340 | 259 | 205 | 153 |
| N.º de tiendas | 1.922 | 1.558 | 1.284 | 1.080 | 922 | 748 |
| N.º de países | 48 | 44 | 39 | 33 | 30 | 21 |
| Ventas internacional | 54% | 54% | 54% | 52% | 48% | 46% |
| Empleados | 39.760 | 32.535 | 26.724 | 24.004 | 18.200 | 15.576 |

*en millones de euros    **de 1 de febrero a 31 de enero del siguiente año natural

Completa el siguiente organigrama con las palabras del recuadro:

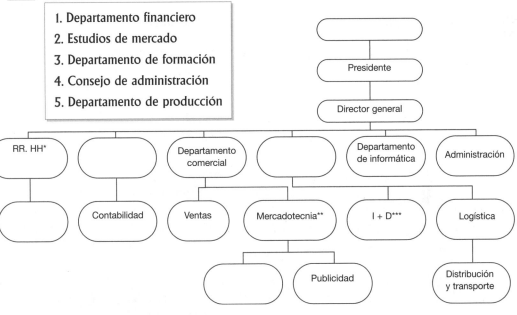

1. Departamento financiero
2. Estudios de mercado
3. Departamento de formación
4. Consejo de administración
5. Departamento de producción

\* Departamento de Recursos Humanos.
\*\* A menudo se utiliza la palabra inglesa *marketing*.
\*\*\* Departamento de Investigación y Desarrollo.

**3** A continuación tienes una lista de cargos que puede haber en una empresa. Señala en qué departamento crees que desarrollan su actividad:

1. Jefe de ventas  _____

2. Director de personal  _____

3. Contable  _____

4. Jefe de explotación  _____

5. Programador  _____

6. Auditor  _____

7. Creativo  _____

8. Administrativo  _____

## C. FORMAS JURÍDICAS DE LA EMPRESA

**1** Completa el siguiente texto con las palabras del recuadro:

| | |
|---|---|
| 1. constituirse | 6. trámites de constitución |
| 2. beneficios | 7. empresarial |
| 3. acreedores | 8. patrimonio |
| 4. fiscal | 9. autónomo |
| 5. deuda | 10. capital inicial |

### Los trabajadores autónomos

En España hay dos formas básicas de ejercer una actividad _____.

Por cuenta propia, es decir, constituyéndose como _____ o a través de la creación de una sociedad.

El trabajador autónomo es un empresario que ejerce la actividad por cuenta propia, no hay distinción entre empresa y empresario y no hay distinción entre _____ de la empresa y del empresario. Éste es uno de los grandes inconvenientes del autónomo puesto que en caso de no poder pagar una _____ su responsabilidad ante los _____ es ilimitada y éstos podrán disponer de su patrimonio personal (presente y futuro). Además, si los _____ son muy elevados la presión _____ es alta. Sin embargo, la presión fiscal para beneficios reducidos es menor que para una sociedad y no se precisa _____. Otra de las ventajas con las que cuenta un autónomo es la facilidad y la rapidez para _____.

Una de las principales ventajas de crear una sociedad es que la responsabilidad en caso de deudas será, como máximo, la cantidad de capital de la empresa. El principal inconveniente es que hay más gastos y _____.

**2** Relaciona cada forma jurídica con su definición correspondiente:

> 1. Sociedad Comanditaria ____
>
> 2. Sociedad de Responsabilidad Limitada ____
>
> 3. Sociedad Anónima Laboral ____
>
> 4. Cooperativa de Trabajo Asociado ____
>
> 5. Sociedad Anónima ____

a. Empresa de responsabilidad limitada cuyo capital está enteramente distribuido en acciones transmisibles y que conceden a sus titulares la condición de socios. Éstos no responden personalmente de las deudas sociales. Las acciones pueden cotizar en bolsa.

b. Su capital está dividido en participaciones iguales, acumulables e indivisibles, que no pueden denominarse acciones, ni convertirse en títulos negociables.

c. Constituida por trabajadores, combina las ventajas del cooperativismo con la flexibilidad de la sociedad anónima. La parte mayoritaria del capital social es propiedad de sus trabajadores.

d. Sociedad en la que existen dos tipos de socios: los comanditarios, que aportan un capital determinado dividido en participaciones, y los colectivos que llevan la gestión y responden de las deudas con su patrimonio personal.

e. Asociación de personas que realizan ciertas actividades económicas basándose en el trato igualitario de todos sus miembros. Los beneficios obtenidos son repartidos a partes iguales entre todos los socios.

# RECURSOS HUMANOS

## A. LA GESTIÓN DE LOS RECURSOS HUMANOS

**1** La gestión de los RR. HH. está formada por distintas actividades interdependientes. Relaciona las definiciones y conocerás las cinco más importantes:

| | |
|---|---|
| a. Alimentación de RR. HH. _____ | d. Desarrollo de RR. HH. _____ |
| b. Aplicación de RR. HH. _____ | e. Control de RR. HH. _____ |
| c. Mantenimiento de RR. HH. _____ | |

1. Formación y planes de desarrollo personal.
2. Banco de datos.
3. Investigación de mercado, reclutamiento y selección.
4. Análisis y descripción de los cargos, integración, evaluación del mérito del personal y movimientos en sentido vertical, horizontal o diagonal.
5. Administración de salarios, planes de beneficios sociales, higiene y seguridad del trabajo.

**2** Lee el siguiente texto y busca los sinónimos de las palabras que aparecen a continuación:

### Las plantillas mimadas son un buen negocio

El informe de Franck Russell sobre las empresas de Estados Unidos compara distintas variables para llegar a la conclusión de que las com-
5 pañías donde los empleados trabajan a gusto y tienen menos conflictos laborales son las que obtienen mejores resultados en bolsa.

Además de un mayor rendimiento
10 económico, el buen clima laboral supone unas relaciones cordiales con los sindicatos y con el comité de empresa. Los responsables del infor-
15 me destacan sobre todo que las empresas con mejores entornos de trabajo se ahorran algunos costes, tanto en materia de selección, pues resultan más atractivas para posibles candidatos para cubrir una vacante,
20 como en las bajas por enfermedad.

Adaptado de *El País de los Negocios*, 5-XII-04

1. mercado de valores     _____

2. estudio     _____

3. ausencia al trabajo     _____

4. productividad     _____

5. problemas     _____

6. puesto libre     _____

7. asociaciones de trabajadores     _____

8. reducir gastos     _____

# B. LA SELECCIÓN DE PERSONAL

**1** En un proceso de selección, las fuentes de reclutamiento pueden ser internas o externas. Clasifícalas:

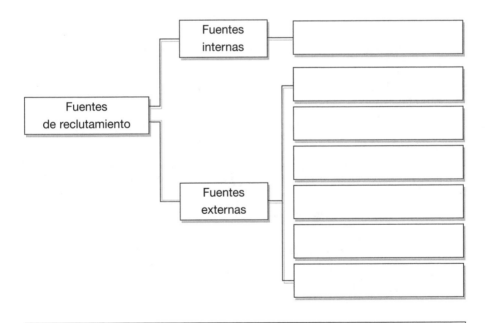

1. agencias de colocación públicas y privadas.

2. centros de estudio.

3. empresas de trabajo temporal (ETT).

4. colegios y asociaciones profesionales.

5. promoción o ascenso.

6 anuncios en la prensa.

7. bases de datos.

**2** Relaciona las palabras del recuadro con su definición:

| | | | |
|---|---|---|---|
| 1. sede | _____ | 6. retribución | _____ |
| 2. gestión | _____ | 7. licenciatura | _____ |
| 3. valía | _____ | 8. incorporar | _____ |
| 4. riesgos laborales | _____ | 9. integración | _____ |
| 5. referencia | _____ | 10. puesto | _____ |

a. Carrera universitaria.

b. Peligro en el trabajo.

c. Lugar donde tiene su domicilio una empresa.

d. Capacidad de una persona.

e. Remuneración obtenida por la realización de una obra o la prestación de un servicio. Salario.

f. Incorporación.

g. Conjunto de reglas, procedimientos y métodos operativos para llevar a cabo con eficacia una actividad empresarial.

h. En un anuncio, código (letras y/o números) que sirve para identificar el puesto de trabajo.

i. Unir una persona a la plantilla de una empresa.

j. Empleo.

**3** Ahora completa la siguiente oferta de empleo con las palabras del ejercicio anterior:

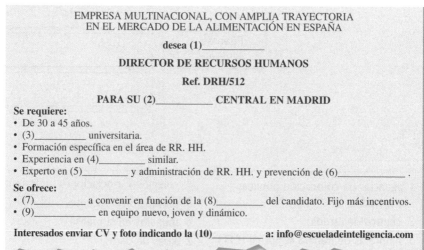

EMPRESA MULTINACIONAL, CON AMPLIA TRAYECTORIA
EN EL MERCADO DE LA ALIMENTACIÓN EN ESPAÑA

desea (1)_____

**DIRECTOR DE RECURSOS HUMANOS**

**Ref. DRH/512**

PARA SU (2)_____ CENTRAL EN MADRID

**Se requiere:**
- De 30 a 45 años.
- (3)_____ universitaria.
- Formación específica en el área de RR. HH.
- Experiencia en (4)_____ similar.
- Experto en (5)_____ y administración de RR. HH. y prevención de (6)_____ .

**Se ofrece:**
- (7)_____ a convenir en función de la (8)_____ del candidato. Fijo más incentivos.
- (9)_____ en equipo nuevo, joven y dinámico.

Interesados enviar CV y foto indicando la (10)_____ a: info@escueladeinteligencia.com

## C. CONTRATOS Y CONFLICTOS LABORALES

Mira la siguiente tabla. En ella se reflejan los datos sobre contratación por modalidad según sexo, edad y sectores en Madrid, correspondientes a octubre de 2004.

| CONTRATOS | TOTAL | HOMBRES | | | MUJERES | | | SECTORES | | | |
|---|---|---|---|---|---|---|---|---|---|---|---|
| | | <25 | 25-44 | ≤45 | <25 | 25-44 | ≥45 | AGRIC. | IND. | CONS. | SERV. |
| INDEFINIDOS | 25.110 | 2.817 | 8.402 | 1.768 | 3.011 | 7.749 | 1.363 | 79 | 2.203 | 1.746 | 21.802 |
| OBRA O SERVICIO | 80.847 | 13.073 | 26.326 | 5.657 | 11.461 | 20.242 | 4.088 | 271 | 2.365 | 16.439 | 61.772 |
| EVENTUAL POR CIRCUNSTANCIA DE LA PRODUCCIÓN | 71.832 | 14.900 | 18.253 | 2.653 | 12.933 | 19.620 | 3.473 | 182 | 4.115 | 2.792 | 64.743 |
| INTERINIDAD | 12.387 | 1.008 | 2.007 | 370 | 1.704 | 5.650 | 1.648 | 12 | 244 | 275 | 11.856 |
| TOTAL RELEVO | 268 | 52 | 115 | 10 | 15 | 63 | 13 | | 91 | 7 | 170 |
| PRÁCTICAS | 1.919 | 480 | 454 | 1 | 562 | 419 | 3 | | 217 | 92 | 1.610 |
| FORMACIÓN | 1.166 | 557 | 39 | 10 | 494 | 54 | 12 | 2 | 162 | 135 | 867 |
| OTROS | 1.960 | 137 | 370 | 396 | 132 | 644 | 281 | 2 | 163 | 63 | 1.732 |
| TOTAL TEMPORALES (*) | 170.379 | 30.207 | 47.564 | 9.097 | 27.301 | 46.692 | 9.518 | 469 | 7.357 | 19.803 | 142.750 |
| TOTAL CONTRATOS | 195.489 | 33.024 | 55.966 | 10.865 | 30.312 | 54.441 | 10.881 | 548 | 9.560 | 21.549 | 163.832 |

(*) Cada modalidad de contratación temporal incluye los respectivos contratos de tiempo parcial.
Datos del Instituto Nacional de Empleo (INEM), extraídos de www.inem.es.

**1** Ahora, relaciona las definiciones con los contratos que aparecen en la tabla:

a. Este contrato se establece entre el trabajador y la empresa para realizar una obra o servicio determinados cuya ejecución, aunque limitada en el tiempo, es en principio de duración incierta. _____

b. Contrato que se concierta sin establecer límites de tiempo en la prestación de los servicios objeto del mismo. _____

c. Su finalidad es la adquisición de la formación teórica y práctica necesaria para realizar un oficio o puesto de trabajo cualificado y lograr la inserción laboral de jóvenes sin la adecuada formación profesional. El trabajador debe ser mayor de 16 años y menor de 21 o minusválido sin límite de edad. No tendrá la titulación necesaria para formalizar un contrato en prácticas en ese puesto de trabajo. _____

d. Contrato dirigido a jóvenes que hayan obtenido un título universitario o de formación profesional en los últimos cuatro años, la duración del mismo no podrá ser inferior a seis meses ni superior a dos años. _____

e. El que se concierta con un trabajador inscrito como desempleado en la oficina del INEM para sustituir al trabajador de la empresa que accede a la jubilación parcial. Simultáneamente se pacta un contrato a tiempo parcial con el trabajador que va a jubilarse. _____

f. Contrato para sustituir a trabajadores que tienen derecho a que se les reserve el puesto de trabajo. _____

g. Contrato que se establece para atender las exigencias circunstanciales del mercado, acumulación de tareas o exceso de pedidos, aún tratándose de la actividad normal de la empresa. _____

**2** Completa la siguiente noticia con las palabras adecuadas:

**Los teleoperadores** (1) _____

El sector de telemárketing está revuelto. Rotas las (2) _____ del tercer (3) _____, los trabajadores han iniciado (4) _____ _____ hartos de la situación. Estas empresas emplean a unos 50.000 trabajadores. El 82% tiene un contrato temporal y, según los (5) _____, los sueldos rara-

mente superan los 750 euros mensuales.

CC. OO.[1] y UGT[2] critican la (6) _____ laboral y la excesiva (7) _____ de trabajo, piden mayor (8) _____ en el empleo y no están dispuestos a aceptar la (9) _____ del 2,6% propuesta por la (10) _____.

Adaptado de *El País de los Negocios*, 6-VI-04

_____

[1] Comisiones Obreras (CC. OO.): sindicato vinculado en sus orígenes al Partido Comunista de España.

[2] Unión General de Trabajadores (UGT): sindicato vinculado en sus orígenes al Partido Socialista Obrero Español.

1. a. se movilizan
   b. se despiden
   c. se contratan

2. a. obligaciones
   b. negociaciones
   c. contrataciones

3. a. sector
   b. informe
   c. convenio colectivo

4. a. mercados
   b. estudios
   c. paros

5. a. sindicatos
   b. juicios
   c. créditos

6. a. desorientación
   b. precariedad
   c. asociación

7. a. carga
   b. falta
   c. carencia

8. a. satisfacción
   b. comprensión
   c. estabilidad

9. a. reducción fiscal
   b. subida salarial
   c. ampliación

10. a. sección
    b. patronal
    c. delegada sindical

# 🌸 MERCADOTECNIA[1] Y PUBLICIDAD

## A. EL DEPARTAMENTO COMERCIAL

**1** Ordena los siguientes bloques de palabras y sabrás cuál es el objetivo principal del departamento comercial:

| más conveniente | de la forma | en el mercado |

| de los productos | Asegurar la colocación |

_____

_____

**2** Antes de decidir a quién dirigir el producto, se realizan estudios de mercado. Relaciona los principales tipos de análisis posibles con su descripción correspondiente:

1. cualitativo _____
2. cuantitativo _____
3. de variables comerciales concretas _____
4. de la competencia _____

a. Ver cuántas empresas ofrecen los mismos productos, qué dimensión tienen, qué estrategias comerciales emplean, etcétera.

b. Estudiar los deseos y las necesidades de los consumidores, encontrar las razones por las que deciden comprar o no un producto determinado, etcétera.

c. Determinar la demanda potencial en una zona y las tendencias del mercado en cuanto a precios, etcétera.

d. Estudiar las posibilidades futuras de productos ya existentes o de nuevos productos, encontrar los canales de distribución más eficaces, etc.

---

[1] Frecuentemente se utiliza la palabra inglesa _marketing_.

# B. LAS CUATRO PES

Además del segmento de mercado al que va a dirigir el producto, el departamento comercial debe decidir qué va a vender (producto), cuánto va a costar (precio), cómo lo va a distribuir (posición o distribución) y cómo lo va a dar a conocer (promoción). En español, para referirnos a las decisiones respecto a estas cuatro variables utilizamos normalmente la expresión inglesa *marketing mix.*

**1** Señala en el cuadro a cuál de estas cuatro variables se refieren las siguientes palabras:

| | producto | precio | posición | promoción |
|---|---|---|---|---|
| muestras gratuitas | | | | |
| beneficio | | | | |
| venta directa | | | | |
| descuentos | | | | |
| envasado | | | | |
| costes | | | | |
| publicidad | | | | |
| intermediarios | | | | |
| accesorios | | | | |
| ingresos | | | | |
| ofertas | | | | |
| marca | | | | |
| mayorista | | | | |
| ventas | | | | |
| diseño | | | | |
| minorista | | | | |

**2** Completa los textos con las siguientes palabras y obtendrás información sobre el producto y el precio:

marca
competencia
rentabilidad
empresas competidoras
sector
ingresos
mercado
consumidores
cuota
cubrir los costes
envasado

a) **El producto:** Debe tener las características adecuadas para satisfacer las necesidades de los (1) _____. Es necesario diferenciarlo de los productos ofrecidos por las (2) _____ . Para ello será decisiva la elección de la (3) _____ y el diseño del (4) _____ .

b) **El precio**: Es necesario que permita obtener unos (5) _____ suficientes para (6) _____ de la empresa y que, además, sea atractivo para los consumidores. El precio de venta puede tener diferentes objetivos, los principales son:

— conseguir la máxima (7) _____ .

— mantener o aumentar la (8) _____ de mercado.

— evitar a la competencia fijando para ello precios más bajos que los del resto de las empresas del (9) _____ .

— seguir a la competencia para evitar la guerra de precios.

— promocionar un producto con precios bajos, bien porque es nuevo y es necesario presentarlo en el (10) _____ bien para revitalizar el interés por uno antiguo.

**Lee los siguientes textos sobre la posición o distribución y la promoción del producto:**

a) **La posición:** El producto debe estar a disposición de los posibles compradores en el momento oportuno, en los *puntos de venta* más adecuados y con el menor *coste* posible. Hay dos *canales de distribución* básicos: la *venta directa* y la distribución por etapas. En la distribución por etapas, entre el *fabricante* y el consumidor final hay uno o varios intermediarios. Estos pueden ser *minoristas* o *mayoristas*.

b) **La promoción:** El producto debe presentarse en el mercado de forma clara y atractiva con el fin de *incrementar* las *ventas*. Para estimular la demanda, la promoción de ventas propone dar a conocer los productos con *muestras gratuitas*, por medio de ofertas especiales, *descuentos*, etcétera y la publicidad trata de influir en su compra y aceptación. También se puede difundir la imagen de la empresa mediante actividades de *patrocinio*.

**3** **Ahora, relaciona las palabras en cursiva con su definición:**

a. Acto por el que una empresa financia total o parcialmente un programa de televisión, una competición deportiva, una obra social, etc., con fines publicitarios. _____

b. Persona o empresa intermediaria entre fabricantes y otros mayoristas o minoristas. _____

c. Cantidad que una empresa factura a sus clientes por la entrega de bienes o la realización de servicios. _____

d. El lugar físico donde termina el proceso de comercialización de un producto o de un servicio. _____

e. Empresa dedicada a producir mercancías. _____

f. Aumentar. _____

g. Producto por el que el cliente no paga y que se usa para dar a conocer sus cualidades. _____

h. Venta sin intermediarios. _____

i. Gasto. _____

j. Rebaja o disminución del precio a pagar al adquirir un bien o servicio.

_____

k. Comerciante que compra a los mayoristas o fabricantes y vende al público directamente. _____

l. Camino elegido por un fabricante para hacer llegar sus productos al consumidor. _____

## C. LA PUBLICIDAD

Invertir en publicidad es, a menudo, una de las claves del éxito. Lee el siguiente artículo:

**Lanzamiento:** Herba Nutrición presentó los arroces precocinados en el verano de 2003.

**Claves del éxito:**

- *Eslogan:* «Se preparan en un minuto y están buenísimos para tomar con lo que tengas en casa». Arroz con pollo y verduras, Basmati, hindú con curry… Una campaña de márketing extensa (degustaciones en los puntos de venta, anuncios…) le han hecho merecer el premio Innoval 2004, una verdadera revolución.

- *Su facturación supone el 12% del total del fabricante Herba Nutrición (Grupo Ebro).* «Debido a la enorme demanda hemos incrementado las líneas de producción. Además, ya estamos en otros países de la UE», señala José Luis Pardo, jefe de Márketing de Herba Nutrición.

Adaptado de *Capital*, XII-2004

**1** Ahora, ordena las letras y encontrarás algunas palabras clave de la publicidad que corresponden a estas ocho definiciones. Escríbelas en el recuadro:

Conjunto de palabras o imágenes con las que se da a conocer un producto en la televisión, la radio, la prensa, etcétera.

NUACINO

Relación ordenada de productos que suele incluir fotos y precios.

LOCATOGÁ

Frase fácil de recordar que emplea la publicidad para dar a conocer un producto.

SALGONE

Impreso de varias hojas de carácter publicitario.

LOFLOTE

Conjunto de acciones publicitarias que se desarrollan en un período de tiempo previamente determinado.

MAPAÑAC

Repartir publicidad por los buzones.

REBUZANO

Construcción destinada a proteger del sol y de la lluvia en las paradas de los transportes públicos, frecuentemente utilizada como soporte publicitario.

RASQUIMANE

Panel destinado a publicidad que se coloca en una calle o carretera.

LAVAL

# BANCOS Y CAJAS DE AHORRO[1]

## A. PRODUCTOS BANCARIOS

Lee estos dos impresos:

---

**REINTEGRO**

Importe ............................................................

_____ €

**CAJA MADRID**

*Recibí*
*Firma del titular*

TITULAR

*Espacio reservado para la impresión mecánica*

*Mod. A-111-31 (manual) ...06-04*

Inscrita en el Reg. Merc. de Madrid, Folio 20, tomo 3067 G...

---

**Resguardo de Ingreso**

**CAJA MADRID**

Oficina _____

CODIGO CUENTA CLIENTE (CCC)

| ENTIDAD | OFICINA | D.C. | N.º CUENTA |

Titular de la Cuenta D.

Ingreso realizado por D.

**Relación de Cheques y Documentos**     Cumplimentar si el impositor no es titular de la Cuenta

| N.º Cheque o Documento | N.º de Cuenta | Entidad y Agencia | Importe |
|---|---|---|---|
|  |  |  |  |
|  |  |  |  |
|  |  |  |  |
|  |  |  |  |
|  |  |  |  |
|  |  |  |  |
| **Total Cheques y Documentos** |  |  |  |

---

[1] Las cajas de ahorro realizan prácticamente las mismas operaciones que la banca. Originariamente tenían una naturaleza benéfico-social que han ido perdiendo con el tiempo.

**Ahora, busca en los impresos las palabras correspondientes a estas definiciones:**

a. Depósito de fondos en una entidad financiera. _____

b. Número que identifica la cuenta de un cliente. _____

c. Depósito en metálico de fondos en una entidad financiera.

_____

d. Número de Identificación Fiscal (relativo a personas). _____

e. Propietario de una cuenta. _____

f. Cantidad. _____

g. Código de Identificación Fiscal (relativo a empresas). _____

h. Nombre y apellido(s) que una persona escribe a mano en un documento. _____

i. Extracción de fondos de una entidad financiera. _____


**Estas son las descripciones de los cuatro principales productos bancarios. Léelas y asócialas al producto que describen:**

1. El cliente entrega unos fondos durante un plazo establecido. Al finalizar éste, recibe los fondos y el interés.

2. El cliente puede disponer de los fondos en cualquier momento, mediante cheque a su favor o a favor de terceros, siempre que haya saldo.

3. El cliente entrega unos fondos y la entidad de crédito se compromete a devolvérselos, junto con los intereses, al cabo de un tiempo. Si el cliente quiere disponer de los fondos antes del plazo marcado, recibirá un documento que podrá ser usado como dinero.

4. No existe la posibilidad de utilizar cheques, sólo puede retirar el dinero ingresado el titular.

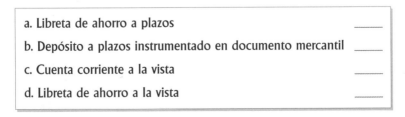

a. Libreta de ahorro a plazos _____

b. Depósito a plazos instrumentado en documento mercantil _____

c. Cuenta corriente a la vista _____

d. Libreta de ahorro a la vista _____

**3** Relaciona las palabras con su definición:

| | |
|---|---|
| 1. Devolver, normalmente de forma gradual, un crédito o préstamo. | a. cheque/talón |
| 2. Cantidad de dinero reunida para realizar determinadas actividades económicas. | b. plazo |
| 3. Sacar dinero de una cuenta o libreta. | c. saldo |
| 4. Documento en el que consta la obligación de determinada persona de abonar una cantidad determinada de dinero en una fecha fija. | d. amortizar |
| 5. Persona a cuyo nombre se abre una cuenta o libreta. | e. deuda |
| 6. Obligación de devolver determinada cantidad de dinero. | f. titular |
| 7. Diferencia entre las sumas del debe y el haber. | g. comisión |
| 8. Cantidad de dinero, establecida antes de la firma del contrato bancario, que el cliente abona por un servicio. | h. interés |
| 9. Periodo de tiempo establecido para la ejecución de determinada acción. | i. pagaré |
| 10. Cancelación de una deuda. | k. fondo |
| 11. Documento de pago que permite retirar cierta cantidad de dinero de la cuenta del firmante. | j. reembolso |
| 12. Cantidad producida por un capital en un periodo determinado. | l. retirar |

## B. PRÉSTAMOS E HIPOTECAS

**1** Completa el cuadro con estas palabras:

deuda    disponer    financia    penalizados

pago    reintegrar    amortizaciones

importe    intereses    compraventa    reembolso    carga

| DIFERENCIAS ENTRE PRÉSTAMO Y CRÉDITO ||
| Préstamo | Crédito |
| --- | --- |
| El cliente recibe desde el momento inicial el total del (1) _____ prestado. | Al principio el cliente no recibe ninguna cantidad. Tiene derecho a (2) _____ de la cantidad pactada a su criterio, en uno o varios momentos durante un plazo determinado. |
| El cliente paga (3) _____ por la totalidad de la cantidad prestada o por la parte pendiente de (4) _____. | Sólo paga intereses por la cuantía dispuesta. Si reduce la (5) _____, paga intereses por una cantidad menor. |
| Los pagos y (6) _____ anticipadas se rigen por lo que diga el contrato y suelen estar (7) _____ con comisiones por pronta amortización. | El cliente puede (8) _____ los fondos dispuestos en cualquier momento. |
| Es conveniente para necesidades concretas como por ejemplo el (9) _____ del precio de (10) _____ de una vivienda. | Es propio de empresas: permite adaptar las disposiciones de dinero a las necesidades del cliente. (11) _____ deuda a corto plazo. Ajusta la (12) _____ de intereses y el importe de la deuda. Es útil para necesidades continuas. |

Adaptado de López Amo, Á. (2005): *Guía para crear tu empresa*, Madrid, Espasa.

**2** Completa este crucigrama:

### Horizontales

1. Persona física o jurídica con la que se ha contraído una deuda por bienes o servicios suministrados y no pagados.
2. Conjunto de bienes, derechos y obligaciones de una persona física o jurídica, país o entidad.
3. Contrato por el cual se consigue un crédito con la garantía de un inmueble, con cuyo valor se responde del riesgo del impago.
4. Todo lo que da a su poseedor alguna utilidad o beneficio.

### Verticales

5. Persona o cosa que responde del cumplimiento de lo pactado por un tercero, en caso de que éste no cumpla su obligación.
6. Compromiso de una persona (física o jurídica) de responder por la obligación de otra en caso de que ésta incumpla.
7. Aportar los recursos económicos necesarios para la creación de una empresa, el desarrollo de un proyecto o el buen fin de una operación comercial.
8. Persona física o jurídica que tiene una deuda con otra.

# C. LAS ENTIDADES DE AHORRO

**Participaciones empresariales***
En porcentaje sobre balance

(*) Excluidas las participaciones en entidades de crédito

**Estructura del activo de las cajas**
En %

— Crédito  ••• Part. empresariales  — Resto de cartera
— Interbancario  (excluidas ent. crédito) ••• Otros activos

Adaptado de *El País* (Fuente: CECA)

## 3. Completa este texto con las palabras del recuadro:

dividendos   beneficio neto   tipos de interés   margen financiero

plusvalía   cuenta de resultados   cuota de mercado   participaciones

En diciembre de 2004, las cajas de ahorros cerraron el ejercicio con una (1) _____ en la cartera industrial de 11.000 millones de euros. La cifra es significativa si se tiene en cuenta que las 46 entidades de ahorro lograron un (2) _____ de 4.153 millones de euros en 2004, un 103% más que el año anterior. Según Miguel Blesa, presidente de Caja Madrid, la contribución de las inversiones a la (3) _____, tanto por (4) _____ como por puesta en equivalencia, «fue de 2.500 millones, el 37% del beneficio bruto».

Las cajas ya han superado a los bancos en (5) _____ industriales. Sólo en 2004 invirtieron 2.000 millones en compras, con lo que reúnen una cartera valorada en 21.000 millones. Este crecimiento de las entidades de ahorro ha hecho que ya representen el 50,6% de los créditos concedidos y siguen ganando (6) _____. La razón financiera es que con los dividendos de las empresas y las plusvalías de la Bolsa estas entidades han compensado la caída del (7) _____ que ha provocado el descenso de los (8) _____.

Adaptado de *El País de los Negocios*, 26-VI-05

# LA BOLSA

## A. HISTORIA DE LA BOLSA

**1** Completa el texto con las siguientes palabras:

cotizaciones

corredores

institución económica

negociadas

operaciones

mediadores

efectos

banqueros

índice bursátil

contratación público-mercantil

Bolsa de valores: (1) _____ en la que se produce la (2) _____ de toda clase de títulos valores: acciones, obligaciones, fondos públicos, etc. El origen del nombre proviene de Brujas, donde en el siglo xv el comercio de los (3) _____ mencionados se desarrollaba en la residencia de los (4) _____ Van der Bursen, en cuyo escudo aparecían tres bolsas. En España, la Bolsa de Madrid nació en 1831, la de Bilbao en 1881, la de Barcelona en 1915 y la de Valencia en 1981. Actualmente, en las (5) _____ de la bolsa actúan los (6) _____ y los (7) _____ y al final de cada sesión se publican las (8) _____ y el (9) _____ del día. Solamente pueden ser (10) _____ en la Bolsa española las categorías de valores que determine la Comisión Nacional del Mercado de Valores.

Ordena las siguientes palabras para conocer las funciones principales de la Comisión Nacional del Mercado de Valores* (CNMV):

| | |
|---|---|
| cotización | y (2) |
| la | española |
| normas | de (4) |
| Es | valores |
| establecer | encargada |
| entidad | las (2) |
| regular | Bolsas de Comercio |
| admisión | |

_____

_____

_____

# B. INSTRUMENTOS FINANCIEROS

Lee el siguiente texto:

A inicios de los noventa, aparecieron en España los mercados de productos derivados (futuros y opciones), financieras sobre 5 renta fija (tipos de interés y bonos) y sobre renta variable (índices y acciones). La importancia de estos mercados en los que el inversor se asegura la 10 obligación (futuros) o posibilidad (opciones) de comprar un activo (bono, acción, índice) a un precio determinado en un plazo previsto ha sido muy grande. 15 Además de la compra directa de futuros y opciones y la posibilidad de multiplicar las ganancias y las pérdidas frente a los mercados de contado, la práctica 20 totalidad de los productos financieros han incorporado mercados de derivados.

Adaptado de *El País de los Negocios*, 2-II-05

_____

* Sus funciones son similares a las del *Security Exchange Comission* en EE. UU. y el SIB en Reino Unido.

**1** Ahora, busca en el texto las palabras correspondientes a estas definiciones:

1. Conjunto de valores mobiliarios cuya rentabilidad varía según la marcha de la entidad emisora. _____

2. Título-valor puesto a la venta por bancos, empresas o el propio Estado para captar del mercado dinero en efectivo. _____

3. Acuerdo que obliga a las partes a comprar o vender bienes, valores o divisas en una fecha futura determinada y a un precio establecido. _____

4. Cada una de las partes en que está dividido el capital escriturado de una sociedad anónima. _____

5. Contrato por el cual una de las partes tiene el derecho y no la obligación a comprar o vender un activo en una fecha futura a un precio pactado. _____

6. Se refiere a los valores mobiliarios cuya rentabilidad es constante e independiente de los resultados obtenidos por la entidad que los pone a la venta. _____

**2** Completa las frases con las siguientes palabras:

margen de beneficios    reconversión    alza    cartera    parqué    recortar    volumen de contratación    prima    fusión    baja

1. El mercado español de acciones se ha colocado en la cuarta posición de Europa por _____.

2. El _____ neto de Inditex ha sido de 447 millones de euros.

3. La _____ industrial provocó el cierre de muchas empresas.

4. La _____ del Santander y del Central Hispano ha sido uno de los grandes acontecimientos financieros de los últimos años.

5. Pese a la crisis del sector, las acciones de Iberia continúan al _____ _____.

6. La empresa ha tenido que _____ gastos para enfrentarse a las pérdidas del último ejercicio.

7. Los analistas consultados proponen una _____ para el próximo año en la que dan prioridad a las Bolsas europeas frente a la estadounidense.

8. En el mercado de opciones, el precio de la opción se conoce con el nombre de _____.

9. La tendencia a la _____ del dólar perjudica las exportaciones europeas.

10. La supervisión de la CNMV pretende garantizar la igualdad de oportunidades en el _____ español.

## C. INVERSIÓN Y AHORRO

**1** Deduce el significado de las siglas con estas palabras:

Bolsas; Futuros (2); Aceite; Mercado; Asociación; Activos; Pública (2); Venta; Financieros (2); Adquisición; Intermediarios; Mercados (2); Oliva; Españoles (2); Oferta (2).

MEFF: _____

OPA: _____

BME: _____

AIAF: _____

MFAO: _____

OPV: _____

**Estos son algunos de los errores y quejas más frecuentes de los ahorradores españoles.**

1. El Protector del Inversor de la Bolsa de Madrid recibe muchas reclamaciones de clientes que han olvidado ejercer el derecho de suscripción preferente en las ampliaciones de capital que realizan las empresas.

2. Dar una orden de compra por el precio más bajo del día o, en el caso de vender, por el más alto. Lo correcto es dar la orden con un precio o una banda.

3. Una compraventa por medio de un intermediario que responde a un contrato en el que el cliente ha permitido la gestión activa de sus ahorros. Muchos dicen no haber dado este poder, casi siempre cuando el gestor no ha acertado.

4. Sorpresas con las comisiones bancarias. A pesar de las quejas de los clientes, sólo son ilegales cuando se cobran dos veces o cuando no están justificadas por ningún servicio prestado.

5. Los clientes se quejan de que pasados cinco años no pueden presentar reclamaciones relacionadas con errores en operaciones bancarias.

Adaptado de *El País de los Negocios*, 5-IX-04

 **¿A cuál de estas cuestiones se refieren los problemas que acabas de leer?**

a. Órdenes en Bolsa     _____

b. Contratos de gestión     _____

c. Plazo para reclamar     _____

d. Olvidos peligrosos     _____

e. Comisiones bancarias     _____

**3** **Ordena esta lista por sectores:**

- Petróleo
- Fabricación y montaje de bienes de equipo
- Banca
- Automóvil
- Ocio, turismo y hostelería
- Alimentación y bebidas
- Sociedades de cartera y holding
- Seguros
- Materiales de construcción
- Aparcamientos y autopistas
- Agua y otros
- Textil, vestido y calzado

- Comercio
- Minerales, metales y transformación de productos metálicos
- Electricidad y gas
- Productos farmacéuticos y biotecnología
- Construcción
- Inmobiliarias y otros
- Papel y artes gráficas
- Industria química y aeroespacial
- Transporte y distribución
- Medios de comunicación y publicidad

| Bienes de consumo | Petróleo y Energía | Materiales básicos, Industria y Construcción | Servicios Financieros e Inmobiliarias | Servicios de Consumo |
|---|---|---|---|---|
|  |  |  |  |  |
|  |  |  |  |  |
|  |  |  |  |  |
|  |  |  |  |  |
|  |  |  |  |  |

# 🌸 IMPORTACIÓN / EXPORTACIÓN

## A. LA UNIÓN EUROPEA

En la Unión Europea, para declarar las mercancías en la aduana se utiliza el Documento Único Aduanero (DUA).

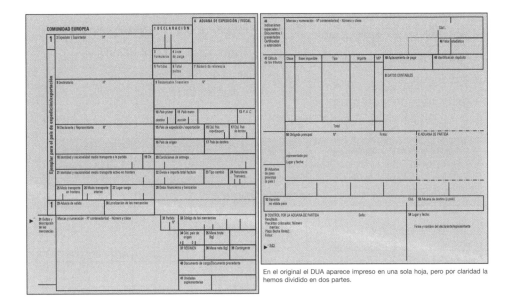

En el original el DUA aparece impreso en una sola hoja, pero por claridad la hemos dividido en dos partes.

El artículo **III-151** del *Tratado por el que se establece una Constitución para Europa,* dice así:

*La Unión incluirá una unión aduanera, que abarcará la totalidad de los intercambios de* **mercancías** *y que supondrá la prohibición, entre los estados miembros, de los derechos de* **aduana** *de* **importación** *y* **exportación** *y de cualquier otra* **exacción** *de efecto equivalente, así como la adopción de un* **arancel** *aduanero común en sus relaciones con terceros países.*

**1** Ahora, completa las siguientes frases con las palabras marcadas en negrita en el texto de la página anterior.

1. La venta o salida de bienes, capitales, mano de obra, etc., del territorio nacional hacia otros países recibe el nombre de _____.

2. Las _____ son bienes muebles que pueden ser intercambiados en una operación comercial.

3. La adquisición de bienes, servicios, capitales, mano de obra, etc., procedentes de otro país se conoce con el nombre de _____.

4. La tasa oficial que se aplica a la entrada, salida y tránsito internacional de mercancías se denomina _____ de aduanas.

5. Situada en los puertos, las fronteras y los aeropuertos, una _____ se encarga de vigilar el paso de bienes y personas a través de éstos.

6. La exigencia del pago de impuestos se conoce también con el nombre de _____.

# B. COMERCIO EN AMÉRICA

### Integración y comercio en América

Las cifras indican el valor del comercio inter-regional en miles de millones de dólares.

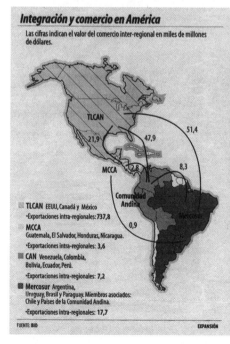

TLCAN

51,4

21,9    47,9

MCCA    2,8    8,3

Comunidad Andina    0,9

Mercosur

- TLCAN EEUU, Canadá y México
  - Exportaciones intra-regionales: **737,8**
- MCCA Guatemala, El Salvador, Honduras, Nicaragua.
  - Exportaciones intra-regionales: **3,6**
- CAN Venezuela, Colombia, Bolivia, Ecuador, Perú.
  - Exportaciones intra-regionales: **7,2**
- Mercosur Argentina, Uruguay, Brasil y Paraguay. Miembros asociados: Chile y Países de la Comunidad Andina.
  - Exportaciones intra-regionales: **17,7**

FUENTE: BID    EXPANSIÓN

### Crecimiento de las exportaciones del hemisferio occidental por esquema de integración

(Estimaciones preliminares 2004)

| Grupos/países exportadores | Crecimiento de las export. al grupo | Crecimiento de las export. al mundo |
|---|---|---|
| **Mercosur** | **39,2** | **28,1** |
| Argentina | 17,6 | 15,2 |
| Brasil | 67,1 | 33,1 |
| Paraguay | 11,5 | 27,9 |
| Uruguay | 15,5 | 32,8 |
| Chile (Mercosur) | 60,9 | 51,3 |
| **Comunidad Andina** | **44,1** | **36,9** |
| Bolivia | 20,5 | 38,3 |
| Colombia | 69,8 | 22,2 |
| Ecuador | -18,2 | 24,7 |
| Perú | 43,9 | 35,4 |
| Venezuela | 66,5 | 47,5 |
| **TLCAN** | **13,2** | **14,1** |
| México | 11,8 | 12,8 |
| Canadá | 15,2 | 16,6 |
| Estados Unidos | 12,2 | 13,5 |
| **MCCA** | **13,0** | **6,1** |
| Costa Rica | 15,8 | 1,1 |
| El Salvador | 10,0 | 1,7 |
| Guatemala | 14,7 | 11,0 |
| Honduras | 5,2 | 13,4 |
| Nicaragua | 15,0 | 24,8 |

Fuente: BID, Departamento de Integración y Programas Regionales, basado en DATAINTAL y datos oficiales de los países.

Nota: Las estimaciones son con base de datos enero-octubre para Bolivia, Estados Unidos, Paraguay, Perú; enero-agosto para Nicaragua; enero-junio para Honduras, Panamá; enero-septiembre para el resto de los países.

Adaptado de *Expansión*, 24-I-05

**1** Con estas palabras puedes deducir el significado de las siglas y acrónimos.

| | | |
|---|---|---|
| - Comunidad (3) | - Libre Comercio (2) | - Andina |
| - Naciones | - Caribe (2) | - Centroamericano |
| - Mercado Común (2) | - África | - Américas |
| - Área | - Tratado | - Suramericana |
| - América del Norte | - Pacífico | - Sur |

TLCAN _____

MCCA _____

Mercosur _____

CAN _____

ACP _____

ALCA _____

Caricom _____

CSN _____

**2** Completa el texto con las siguientes palabras:

| | |
|---|---|
| - ciclos económicos | - crecimiento y rentabilidad |
| - internacionalización | - necesidades y oportunidades |
| - capitalización y productividad | - proteccionismo |
| - cuotas | - telecomunicaciones y banca |
| - inversiones | - privatización y desregulación |
| - flujo de capitales | - mercados globalizados |

# La vuelta a América

Las empresas españolas han protagonizado en los mercados del Nuevo Continente un proceso acelerado de (1) _____ y hoy casi el 25% de los resultados consolidados de las compañías del Ibex 35 provienen de (2) _____ allí realizadas. Varios factores explican este éxito:

- Mercados emergentes: Los países latinoamericanos registran fuertes crecimientos de población y niveles relativamente bajos en (3) _____ _____, necesidad de reformas estructurales y un alto potencial de (4) _____ .

- Privatizaciones: Los amplios procesos de (5) _____ de empresas y servicios públicos puestos en marcha, en los años noventa, tanto en España como en los países latinoamericanos, han provocado nuevas (6) _____ .
  Telefónica, Repsol, las eléctricas, Gas Natural, SCH y BBVA se han hecho a buen precio con muchas de estas empresas latinoamericanas y con (7) _____ muy interesantes en unos mercados poco desarrollados, en expansión, y aún con un elevado grado de (8) _____ _____ .

- Tamaño y diversificación: La necesidad de ganar tamaño y diversificación para competir en (9) _____ ha favorecido también la inversión en Latinoamérica de empresas de (10) _____ _____ .

- Ciclos desacompasados: Desde mediados de los ochenta, los (11) _____ _____ de España y Latinoamérica han estado negativamente correlacionados, lo que facilita el (12) _____ españoles hacia esos países.

Adaptado de *El País de los Negocios*, 2-II-05

## C. INTERNACIONALIZACIÓN

**1** Relaciona estas palabras con su definición:

a. balanza comercial _____        f. punto de embarque _____

b. deslocalización _____           g. nicho de mercado _____

c. materia prima _____             h. zona franca _____

d. cámara de comercio _____        i. punto de descarga _____

e. internacionalización _____      j. déficit comercial _____

1. Institución pública formada por comerciantes e industriales de una localidad, provincia o nación que se encarga de proteger los intereses de éstos.

2. Se produce cuando las importaciones de un país superan a las exportaciones.

3. Segmento de mercado claramente diferenciado del resto por motivos de calidad, precio, zona geográfica, etcétera.

4. Territorio de un país claramente delimitado, normalmente en las áreas portuarias, en el que pueden entrar mercancías sin tener que pagar derechos de aduana.

5. Proceso por el cual las empresas cambian la ubicación geográfica de uno o varios departamentos para aprovechar mejor los recursos de producción, reducir los costes de transporte, de mano de obra, etcétera.

6. Productos básicos utilizados en los procesos industriales para la elaboración de alimentos, textiles, calzado y toda clase de bienes industriales y artículos de consumo duradero.

7. Refleja el intercambio de mercancías de un país con el resto del mundo.

8. Proceso por el que las empresas de un país extienden sus actividades a otros países.

9. Lugar desde donde se envían las mercancías.

10. Lugar donde se desembarcan las mercancías.

**2** Completa este crucigrama:

**Horizontales**

1. Exposición temporal destinada a la publicidad y a veces a la venta.
2. Empresa que posee sociedades en varios países.
3. Documento, especialmente un pasaporte, revisado y aceptado por la autoridad competente para un determinado uso.
4. Empresa que, aun teniendo plena responsabilidad jurídica y autonomía financiera, depende de una sociedad dominante.

**Verticales**

5. Cambio de lugar de personas, mercancías o empresas.
6. Límite entre dos estados.
7. Método de colaboración entre dos empresas por medio del cual una de ellas concede a la otra el derecho a fabricar o utilizar una marca comercial, servicio o producto ya acreditados a cambio de una compensación económica y de comprometerse a cumplir unas normas.
8. Acuerdo resultante de la discusión sobre un asunto.

**3** Completa el siguiente cuadro:

| invertir | | | |
|---|---|---|---|
| | | | financiero/a |
| | | | negociador(a) |
| | | asegurado/a | |
| perder | | | |
| ganar | | | |
| | | emitido/a | |
| deber | | | |
| | importación | | |
| | exportación | | |

# EL SISTEMA FISCAL

**7**

## A. TASAS E IMPUESTOS

**1** ¿Cuál de estas dos definiciones se refiere a «impuesto» y cuál a «tasa»?

a. Tributo o carga que se exige, en función de la capacidad económica de los obligados a su pago, para cubrir el gasto público. _____

b. Pago que se realiza por un servicio público o por el ejercicio de ciertas actividades. _____

**2** Relaciona estas dos columnas:

| | |
|---|---|
| 1. Hacienda | a. sumergida |
| 2. Economía | b. impositivo |
| 3. Estado | c. negro |
| 4. Presión | d. de bienestar |
| 5. Malversación | e. fiscal |
| 6. Declaración | f. de impuestos |
| 7. Libre | g. de fondos |
| 8. Dinero | h. pública |
| 9. Fuga | i. de la renta |
| 10. Tipo | j. de capitales |

**3** Ahora, relaciona las expresiones anteriores con la correspondiente definición:

a. Expresa la proporción del Producto Interior Bruto (PIB) que se dedica por los contribuyentes al pago de los impuestos. _____

b. Apropiación o uso indebido de dinero público. _____

c. El propio Estado cuando actúa como representante de la autoridad fiscal para recaudar impuestos. _____

d. La que se hace a la Administración tributaria manifestando la naturaleza y circunstancias de los hechos que generan una obligación tributaria. _____

e. También conocido como dinero B, el que circula en la economía sin control fiscal. _____

f. Especificación que se hace en ciertos productos que indica que no afecta a su precio el pago de impuestos, por ejemplo el IVA. _____

g. Conjunto de actividades económicas que se realizan sin el conocimiento de las autoridades administrativas para evitar cargas fiscales, sociales o de cualquier otro tipo. _____

h. Salida de dinero de un país en contra de las leyes sobre transacciones internacionales que casi siempre incluye fraude fiscal por tratarse de ganancias no declaradas. _____

i. Sistema social de organización en el que se procura compensar las deficiencias e injusticias de la economía de mercado con redistribuciones de renta y prestaciones sociales para los más desfavorecidos. _____

j. Es la cantidad fija, tanto por ciento o escala de cantidades que sirve para la aplicación de una carga de carácter fiscal. _____

4 En cada columna hay una palabra que no tiene relación con las demás, señálalas.

| A | B | C | D | E |
|---|---|---|---|---|
| Fisco | Tributo | Gravar | Lucro | Descuento |
| Hacienda | Obligación | Incrementar | Fraude | Reducción |
| Sistema tributario | Gestión | Aumentar | Evasión | Desgravación |
| Multa | Impuesto | Expedir | Estafa | Rebaja |
| Sistema fiscal | Exacción | Cargar | Engaño | Derecho |

## B. SISTEMA FISCAL EN ESPAÑA

Lee el siguiente texto sobre impuestos de sociedades en España, extraído de la página del Ministerio de Economía y Hacienda:

### Impuestos de sociedades en España

Impuesto de Sociedades (nacional): es de un 35%. Si la empresa tiene un beneficio inferior a los tres millones de euros se pueden solicitar algunos **incentivos:**

1. Un 30% aplicable a los primeros 90.000 euros de capital sometido a impuesto.
2. **Amortización** acelerada de algunos **activos.**
3. Un 10% de **deducción** por inversión en tecnología, Internet y mejoras I+D.

Impuesto de Actividades Económicas (IAE) (local): desde 2003 este impuesto afecta a empresas por encima del millón de euros de beneficio. Se paga en el municipio donde esté establecida la empresa y la **cuota** depende de varios factores: tamaño, dirección, número de empleados, sucursales, etcétera.

Adaptado de www.minhac.es

**1** Ahora, relaciona las palabras en negrita con estas definiciones:

1. Cantidad que hay que pagar a la Hacienda Pública. _____
2. Estímulo que se ofrece a una persona o grupo con el fin de elevar la producción o mejorar el rendimiento. En el ámbito fiscal, es una reducción o una exención en el pago de ciertos tributos para promover la realización de ciertas actividades consideradas de interés público por el Estado.
   _____
3. Descuento o rebaja de una cantidad. _____

4. Gasto incluido en la cuenta de pérdidas y ganancias que expresa la pérdida de valor de un elemento del activo fijo, como consecuencia del uso que de él se hace en alguna actividad productiva. _____

5. Bienes o derechos de una empresa. _____

**Estos son los principales impuestos de particulares en España:**

1. Impuesto sobre la Renta de las Personas Físicas (IRPF).

2. Impuesto sobre el patrimonio.

3. Impuesto de donaciones y sucesiones.

4. Impuesto sobre el valor añadido (IVA).

5. Impuesto de transmisiones patrimoniales y actos jurídicos documentados.

6. Impuesto sobre Bienes Inmuebles (IBI).

7. Impuesto sobre vehículos de motor.

**Ahora, busca su definición:**

a. Impuesto local que debe pagar el propietario de un vehículo. _____

_____

b. Impuesto local que grava la propiedad de los bienes inmuebles.

_____

c. Impuesto autonómico que se paga al realizar transacciones, compra y venta de bienes y derechos, constitución de derechos, sociedades y alquileres de negocio entre otros supuestos. _____

d. Impuesto nacional que grava las transacciones, entregas de bienes y prestaciones de servicios realizadas entre empresarios o profesionales en el ejercicio de su actividad. _____

e. Impuesto nacional que afecta a la renta de todos los residentes dependiendo de su situación personal familiar. _____

f. Impuesto autonómico que pagan todos los residentes en España por sus bienes y beneficios netos distribuidos en el mundo entero.

_____

g. Afecta a los beneficiarios de una herencia o de una donación. _____

_____

## C. DELITOS FISCALES

Lee el siguiente texto:

### Fraudes fiscales: Pequeños estafadores... y grandes paraísos

La gran mayoría de las personas quiere pagar la menor cantidad de impuestos posible. El problema surge cuando para reducir la cantidad de impuestos se utilizan técnicas de dudosa legalidad. Si nos centramos en los pequeños contribuyentes y en el IRPF, estos son los principales fraudes:

- Cambios sorprendentes de residencia: cambios ficticios de residencia con el fin de pagar impuestos en la Comunidad Autónoma que ofrezca mayores deducciones y ventajas fiscales.

- Quitarse o ponerse años: modificar la fecha de nacimiento para acceder a un mayor número de deducciones fiscales.

- Un trabajo muy rentable: incrementar de forma artificial los gastos deducibles por los rendimientos del trabajo obtenidos.

- Inmuebles «fantasma»: no declarar los inmuebles que no están arrendados para no pagar impuestos.

- Casas ¿vacías?: no declarar los ingresos que se hayan obtenido de los inmuebles que estén arrendados, o incrementar de forma ficticia los gastos deducibles, como pueden ser los de conservación, mantenimiento, etc., con el fin de reducir el pago de impuestos.

- Viviendas muy económicas: no declarar a Hacienda los beneficios obtenidos por la venta de un piso o declarar un beneficio inferior al real.

Adaptado de www.finanzas.com

**1** Busca en el texto que acabas de leer sinónimos de las siguientes palabras:

1. Fisco:  _____
2. Beneficios:  _____
3. Timadores:  _____
4. Delitos:  _____

5. Alquilados:  _____
6. Reducciones:  _____
7. Lucrativo:  _____
8. Aumentar:  _____

Mira estos datos sobre la lucha contra el fraude fiscal en España:

**Los resultados**

■ Presupuestado ■ Ejecución prevista ■ Realizado*

**ACTUACIONES DE CONTROL**
Resultados de la act. de control de la AEAT (mill. euros).[1]

2003 — 9.286,26
      — 12.120,06
2004 — 12.255,09
      — 11.255,09
2005 — 11.2592,74

**GESTIÓN RECAUDATORIA**
Cobro de deuda pendiente (mill. euros).

2003 — 1.805,27
      — 1.805,27
2004 — 1.598
      — 1.598
2005 — 1.621,97

FUENTE: **Ministerio de Economía y Hacienda**

**Distribución por impuestos del fraude**
En porcentaje sobre la deuda tributarial total, en 2002.

Retenciones de capital mobiliario 0,80

Otros impuestos 6,26

IVA 39,67

Retenciones trabajo personal y profesional 6,54

IRPF 8,55

Impuesto sobre sociedades 38,18

*No se incluyen resultados extraordinarios.

[1] AEAT: Agencia Estatal de Administración Tributaria.

**2** Ahora, completa el texto con las siguientes palabras:

| antifraude | evasión | pactos | retención | Agencia Tributaria |

| pago | recaudar | tributaria | fraudulentas | negro |

**Nuevo Plan de la (1)_____ de lucha contra el fraude**

Puntos principales del nuevo plan de Hacienda:

- Acuerdo para reforzar la colaboración policial en la lucha contra las formas más radicales de (2)_____ .
- Integración de áreas de actuación para que trabajen conjuntamente los inspectores y los responsables de (3)_____ la deuda descubierta.
- Exigencia de la entrega en el Registro de los (4)_____ privados firmados en las compraventas, donde se espera encontrar el precio real pagado por los pisos.
- Creación de una (5)_____ fiscal que deberán aplicar las pymes* que tributan en módulos sus ventas a otros negocios.
- Anulación del NIF a las empresas que den un domicilio falso.
- Impulso a los «acuerdos de entendimiento» con sindicatos, asociaciones empresariales o consumidores para obtener información sobre prácticas (6)_____ .
- Inicio de un plan de educación (7)_____ .
- Seguimiento del dinero (8)_____ oculto en las promociones inmobiliarias.
- Persecución del posible incumplimiento del (9)_____ del IVA en los vehículos de lujo.
- Creación de un buzón de sugerencias abierto a todos los ciudadanos para introducir nuevas medidas en el plan (10)_____ .

Adaptado de *Expansión*, 29-I-05

* Pequeñas y medianas empresas

# CONTABILIDAD Y FINANZAS

## A. LA CONTABILIDAD

**1** Completa la definición de «contabilidad» con las palabras del recuadro:

tendencias /datos contables / gerentes / operaciones mercantiles / solvencia

Es una técnica que se ocupa de registrar, clasificar y resumir las (1) ____
_____ de un negocio. A través de ella los (2) _____
_____ y directores pueden orientarse sobre la evolución que
siguen sus negocios mediante (3) _____ y estadísticos.
Estos datos permiten conocer la capacidad financiera de la empresa: la
estabilidad y (4) _____, la corriente de cobros y pagos,
las (5) _____ de las ventas, costos y gastos generales,
etcétera.

**2** Relaciona cada palabra con su antónimo, como en el ejemplo:

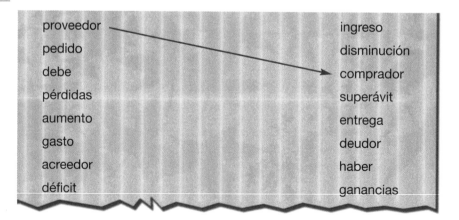

proveedor — ingreso
pedido — disminución
debe → comprador
pérdidas — superávit
aumento — entrega
gasto — deudor
acreedor — haber
déficit — ganancias

**3** Ordena las letras para formar las palabras correspondientes a las definiciones. Escríbelas en el recuadro:

| | |
|---|---|
| 1. Conjunto de disponibilidades líquidas con las que cuenta una empresa para hacer frente a sus obligaciones de pago a corto plazo. | ERISEROTA |
| 2. Anotación en los libros contables para registrar una operación contable. | OTISANE |
| 3. Representación contable de la situación económica y financiera de una empresa. | ALENBAC |
| 4. Deuda vencida y no pagada. | AGAPIMOD |
| 5. Ingreso o recibo de un importe debido como contraprestación de una venta o servicio prestado. | ROBOC |
| 6. Cantidad de dinero reunida para realizar determinadas actividades económicas. | NOFOD |
| 7. Precio pagado o solicitado para la adquisición de bienes o servicios. Precio o gasto de elaboración de un producto. | SETOC |
| 8. Periodo de tiempo, generalmente un año, en el que se divide la actividad de una empresa para valorarla a efectos económicos y contables y medir el resultado. | ERIJICECO |
| 9. Diferencia existente, en un momento determinado, entre el debe y el haber de una cuenta contable. | DALSO |
| 10. Parte de los beneficios o reservas de una sociedad que se reparte entre los accionistas como remuneración al capital invertido. | IVEDINDOD |
| 11. Fecha límite para pagar una deuda. | ITEMENCOVIN |
| 12. Posibilidad de convertir rápidamente un activo en dinero. | QUEZIDIL |

## B. BALANCE DE SITUACIÓN

El balance de situación de una empresa está dividido en dos partes: activo y pasivo. En la primera se muestran los diferentes elementos del patrimonio y en la segunda se detalla el origen financiero de los mismos.

**1** Relaciona las palabras con su definiciones para conocer los diferentes tipos de pasivo y activo:

a. activo circulante _____

b. inmovilizado o activo fijo _____

c. pasivo circulante _____

d. pasivo fijo _____

1. Conjunto de todas las deudas de una empresa con vencimiento inferior al año.
2. Conjunto de elementos e inversiones financieras permanentes destinados a servir de forma duradera a la actividad de la empresa y que generalmente no se destinan a la venta.
3. Conjunto de todas las deudas de una empresa con vencimiento superior a un año.
4. Bienes y derechos de una empresa que son líquidos o pueden ser convertidos en efectivo en el plazo de un año.

**2** Clasifica las siguientes palabras según los diferentes tipos de activo y pasivo:

- existencias
- créditos a corto plazo
- capital
- Hacienda pública
- tesorería
- mobiliario
- realizable

- maquinaria
- reservas
- terrenos
- créditos a medio y largo plazo
- edificios
- Seguridad Social

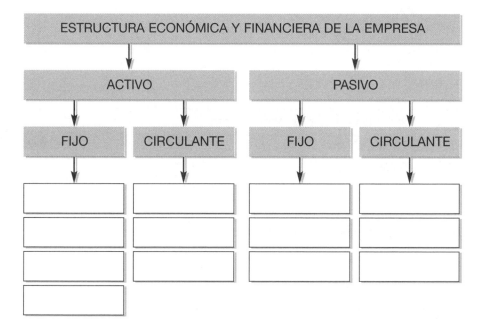

## C. GESTIÓN FINANCIERA

Mira la siguiente factura:

| | | | | | | | | | |
|---|---|---|---|---|---|---|---|---|---|
| SOCIEDAD GENERAL ESPAÑOLA DE LIBRERÍA, S.A. DIVISIÓN LIBROS SGEL DOMICILIO FISCAL: Avda. Valdelaparra, 29 - 28108 Alcobendas (Madrid) - C.I.F: A-28.015.527 Web: www.sgel.es / Web libros: www.sgel.es/ediciones | | | | ** PROFORMA ** | | FECHA: 8/06/2005 | NÚMERO: 49- | | HOJA: 1 |

| S.G.E.L. CENTRAL LIBROS | DIRECCIÓN DE ENVÍO | DIRECCIÓN DE FACTURA |
|---|---|---|
| AVDA. VALDELAPARRA, 29 | CRONOMATICA S.L. | CRONOMATICA S.L. |
| 28108 ALCOBENDAS -MADRID | C/ MAYOR S/N | C/ MAYOR S/N |
| TLF: 91-6576952  FAX: 91-6576501 | 28014 MADRID | 28014 MADRID |
| | TFNO:  916287744 | NIF. A-28018897 |

| CLIENTE | SUCURSAL | DPTO. | ALBARÁN | FORMA DE PAGO | FECHA VENCIMIENTO | COD. PROV. SGEL | Nº PEDIDO CLIENTE | FORMA DE ENVÍO |
|---|---|---|---|---|---|---|---|---|
| 28000 | X | | | | | | | |

Observaciones: GASTOS DE TRANSPORTE POR CUENTA DEL CLIENTE: 30 EUROS

Mensaje:

| ISBN / EAN | EJEMPLARES | TÍTULO | P.V.P. CON I.V.A. | % I.V.A. | P.V.P. SIN I.V.A. | % DTO. | NETO EUROS |
|---|---|---|---|---|---|---|---|
| 9788471434463-6 | 20 | ESP 2000 LIBRO DEL ALUMNO | 16.10 | 4.0 | 15.48 | | 309.60 |
| 9788471434470-4 | 15 | ESP 2000 CUADERNO DE EJERCICIOS | 7.00 | 4.0 | 6.73 | | 100.95 |
| 9700999960194-9 | 1 | SEGURO DE ENVIO | 10.00 | 4.0 | 9.62 | | 9.62 |
| | | COSTS(PACKAGING AND/OR SHIPPING) | | | | | 30.00 |

| TOTAL | | | | | IMPORTE BRUTO | IMPORTE NETO | I.V.A. | | | R. EQUIVALENCIA | | IMPORTE TOTAL |
|---|---|---|---|---|---|---|---|---|---|---|---|---|
| LÍNEAS | EJEMPLARES | KILOS | BULTOS | | | | BASE | TIPO | IMPORTE | TIPO | IMPORTE | |
| 4 | 41 | | | | 509.12 | 509.12 | 539.12 | 4.0 | 21.56 | | | 560.68 € |

| CONTROL INTERNO  LIB49MED |
|---|
| 49-105049 |

ALMACÉN CENTRAL: Avd. Conde de Romanones, 7 - Pol. Miralcampo - 19200 Azuqueca de Henares (Guadalajara) - Fax: 949 277 459 - E-mail: librosalmacen@sgel.es
No se admitirá ninguna reclamación pasados tres días desde la fecha de entrega.

**1** Ahora, busca en ella los siguientes datos:

1. Mercancía vendida o servicio prestado: _____

2. Clase de artículo: _____

3. Precio unitario: _____

4. Importe total: _____

5. Gastos de transporte: _____

6. Seguro: _____

7. Impuestos: _____

8. Fecha: _____

**Relaciona las siguientes palabras con su definición:**

| | | | |
|---|---|---|---|
| a. solvencia | _____ | f. existencias | _____ |
| b. Libro Diario | _____ | g. quiebra | _____ |
| c. aprovisionamiento | _____ | h. fondo de maniobra | _____ |
| d. excedente | _____ | i. auditoría | _____ |
| e. inventario | _____ | j. acreedor | _____ |

1. Libro en el que se registran las transacciones económico-financieras de la empresa. Los asientos pueden realizarse a diario o bien con cierta periodicidad.

2. Capacidad para pagar las deudas.

3. Relación de bienes y derechos que posee una persona física o jurídica.

4. Persona física o jurídica con la que se ha contraído una deuda por bienes o servicios suministrados y no pagados.

5. Son todos los bienes y materiales, en cualquier estadio de la producción, que una empresa debe tener antes de realizar una venta.

6. Situación en la que una persona física o jurídica sufre la imposibilidad de hacer frente a sus obligaciones, como consecuencia de ser mayor su pasivo que su activo.

7. También conocido como *capital circulante,* es la diferencia entre el activo circulante y el pasivo circulante.

8. Comprobación de la información económico-financiera de una empresa.

9. Cantidad en que la oferta de un producto supera a su demanda.

10. Compra de las mercancías que son necesarias para el funcionamiento de una empresa.

# ❀ VIAJES Y COMUNICACIÓN

## A. VIAJES DE NEGOCIOS

**1** Mira el billete y responde a las preguntas:

```
        ⇆           Billete + Reserva              ◢◢  ◀R
                 CONSERVESE PARA LA VUELTA
        VALIDEZ DE REGRESO: 60 DIAS          DQBU4898 8674
        489803686722 86113                   05FEB05 12.42
        ┌─────────────────────────┬──────────────────────────
        │Fecha:   06FEB05          │Coche:  3     TURISTA
        │Salida:  VALENCIA N  11.20│Plaza:  01D             NO
        │Llegada. PTA.ATOCHA  14.55│
        │Producto: ALARIS     1415 │
        ├─────────────────────────┼──────────────────────────
        │Fecha:   Cierre del acceso│Coche·
        │Salida:  al tren 2 minutos│Plaza.
        │Llegada  antes de la salida│
        │Producto:                 │
        └─────────────────────────┴
          IVA 7%:**2,53
          016 IDA Y VUELTA
          TARJ. CREDITO 4507630900026224
                            Precio ***39,00
        Tasa de seguridad          Nuevo CIF: G84144161
```

1. ¿Es un billete de primera clase?
2. ¿A qué vagón corresponde?, ¿a qué asiento?
3. ¿Se ha pagado en efectivo?
4. ¿Se puede utilizar para volver en agosto de 2005?
5. ¿Es necesario subir al tren con antelación?

**2** **Escribe los sustantivos correspondientes a estos verbos:**

1. aterrizar:_____
2. alojarse:_____
3. salir: _____
4. reclamar: _____
5. despegar: _____

6. reservar: _____
7. facturar: _____
8. llegar:_____
9. retrasarse: _____
10. volar:_____

**3** Lee las definiciones y completa las palabras:

1. Espacio a lo largo de la vía para que los viajeros entren y salgan de un tren.
   A _ D _ N

2. Anular.
   C _ _ C _ L _ R

3. En los trenes, coche de viajeros o de mercancías.
   V _ G _ N

4. Contrato por el cual una empresa se compromete a cubrir los gastos provocados por un accidente o siniestro.
   S _ G _ _ O

5. Lugar en el que se detienen los vehículos destinados a transportes públicos y donde esperan los pasajeros.
   P _ R _ _ A

6. Cantidad de dinero, por encima de lo establecido, que se da de forma voluntaria por un servicio.
   P _ O _ I _ A

7. Conjunto de maletas, bolsos y otros objetos que se llevan en un viaje.
   E _ U _ P _ _ E

8. Persona que atiende a los viajeros en un avión. Auxiliar de vuelo.
   A _ _ F _ _ _ O/A

9. Entrar en un medio de transporte, especialmente en un barco o un avión.
   E _ B _ _ _ C _ R

10. Lugar en el que se detiene un avión o un barco entre el punto de origen y el de destino.
    E _ C _ _ A

## B. CARTAS COMERCIALES

**1** Relaciona los diferentes tipos de cartas con sus definiciones:

a. Acuse de recibo

b. Pedido

c. Circular

d. Saluda

e. Memorándum

f. Instancia

1. Es una carta breve que trata de un solo tema y que se usa dentro de las empresas de manera informal. Comienza con el membrete de la empresa, la fecha, y dos líneas, una introducida por «de», con el nombre del remitente, y otra introducida por «a», con el nombre del destinatario. La firma va al final.

2. Es una comunicación breve que se usa en notificaciones de cortesía o de protocolo (para invitar, comunicar algún acto, etcétera). Se escribe en tercera persona con la palabra «Saluda» escrita en grandes letras. El texto comienza con la preposición «a» y continúa con el nombre y apellidos del destinatario. Nunca se firma.

3. Va dirigido a muchos destinatarios diferentes con la misma información. Tiene la estructura de una carta comercial normal, con membrete, fecha, destinatario, saludo y despedida.

4. Escrito dirigido a una persona de rango superior o a un organismo oficial para realizar una petición. Se redacta en tercera persona. Tiene un esquema determinado con las palabras «expone» y «solicita» en mayúscula. Algunos organismos disponen de un impreso especial para escribirlas.

5. Es un escrito en el que se hace una petición de géneros o mercancías. Tiene la estructura de una carta comercial. Se especifica la fecha de entrega, la forma de pago, el medio de transporte y quién lo paga.

6. Sirve para confirmar que se ha recibido una carta comercial.

**2** ¿A qué tipo de cartas corresponden estos fragmentos?

Acusamos recibo de su pedido de fecha…

①

El Presidente de la Mesa Regional de Burgos

## Saluda

②

a D. Pedro López Morales…

③

Les rogamos tomen nota del pedido que a continuación pasamos a detallar…

ABRIGASA
C/ Alegría, 15
20100 Cádiz
22 de febrero de 2005

④

DE: Jimena de la Fuente
A: Rosa Isabel Arro…

⑤

D. Rodrigo Pablos García con DNI 34.092.572-L y domicilio en C/ Esperanza, 22- 1.° izda., 28012 Lugo

EXPONE: Que es propietario de la finca…

SOLICITA: Que se tramite el expediente…

EXCMO. SR. ALCALDE. GERENCIA MUNICIPAL DE URBANISMO. LUGO

## C. TELEFONÍA E INTERNET

**1** Busca en esta sopa de letras diez palabras relacionadas con el teléfono:

| B | P | C | O | B | E | R | T | U | R | A | O |
|---|---|---|---|---|---|---|---|---|---|---|---|
| A | Z | O | S | A | N | A | R | E | R | S | P |
| T | A | N | L | O | N | O | C | P | E | A | E |
| E | X | T | E | N | S | I | O | N | S | M | R |
| R | C | E | J | G | H | B | L | I | N | E | A |
| I | A | S | O | C | G | S | G | A | L | B | D |
| A | R | T | P | U | L | S | A | R | G | E | O |
| O | G | A | S | R | H | S | R | M | Z | A | R |
| J | A | D | I | D | G | U | F | T | H | G | H |
| L | R | O | F | C | T | U | V | D | F | L | U |
| H | M | R | L | Q | A | D | A | W | S | S | A |
| B | F | O | K | E | R | M | A | R | C | A | R |

### Los organismos oficiales en la red

Hasta ahora, sólo era posible dirigirse a un organismo o institución pública en persona, por teléfono o carta. En muy poco tiempo, la red ha cambiado las cosas y ha acercado más la Administración al ciudadano, tanto a la hora de informarle como de realizar gestiones.

Las páginas web más destacadas en este sentido corresponden a los órganos más importantes de España: la Presidencia del Gobierno www.lamoncloa.es y la Casa Real www.casareal.es. En ambas es posible conocer su funcionamiento interno y mantenerse al día en todos los temas relacionados con ellas.

**2** Relaciona estas palabras con sus definiciones:

| | | | |
|---|---|---|---|
| a. correo electrónico | _____ | f. sitio | _____ |
| b. tarifa plana | _____ | g. buzón de voz | _____ |
| c. portal | _____ | h. arroba | _____ |
| d. contestador automático | _____ | i. dominio | _____ |
| e. banda ancha | _____ | j. navegar | _____ |

1. En un teléfono fijo, aparato o servicio telefónico que permite dejar mensajes.
2. Sitio en la red cuyo objetivo es ofrecer al usuario, de forma fácil e integrada, una serie de recursos y de servicios, entre los que suelen encontrarse buscadores, foros, compra electrónica, etcétera.
3. Entrar en Internet y consultar diferentes páginas.
4. Correo por ordenador.
5. Acceso a Internet a alta velocidad.
6. Es un conjunto de archivos electrónicos y páginas de la red referentes a un tema en particular, que incluye una página inicial de bienvenida.
7. Identificación electrónica de un sitio en Internet.
8. Cuota fija para acceder a Internet durante las 24 horas.
9. Símbolo, similar a una «a», que aparece en todas las direcciones de correo electrónico.
10. En un teléfono móvil, opción para dejar mensajes.

# REVISIÓN

## LA EMPRESA

**1** Relaciona las palabras con sus sinónimos:

| | | | |
|---|---|---|---|
| 1. retribución | | a. formar |
| 2. lucro | | b. fabricación |
| 3. gestión | | c. logros |
| 4. éxitos | | d. ganancia |
| 5. trabajadores | | e. puesto |
| 6. elaboración | | f. emplear |
| 7. expansión | | g. organización |
| 8. contratar | | h. remuneración |
| 9. cargo | | i. empleados |
| 10. constituir | | j. ampliación |

## RECURSOS HUMANOS

**2** Busca en esta sopa de letras 10 palabras relacionadas con la gestión de los Recursos Humanos:

| F | O | R | M | A | C | I | O | N | A | D | L |
|---|---|---|---|---|---|---|---|---|---|---|---|
| B | R | N | G | K | X | N | S | W | H | Y | I |
| J | E | B | F | N | T | T | R | G | G | S | C |
| U | F | F | C | Z | W | E | A | F | D | R | E |
| B | E | A | H | D | D | R | E | A | U | A | N |
| I | R | D | S | G | J | I | D | K | X | S | C |
| L | E | V | A | C | A | N | T | E | G | C | I |
| A | N | U | C | I | E | I | F | L | W | E | A |
| R | C | A | N | D | I | D | A | T | O | N | T |
| S | I | U | J | G | B | A | J | A | C | S | U |
| E | A | E | L | N | S | D | P | G | I | O | R |
| S | E | L | E | C | C | I | O | N | K | I | A |

## MERCADOTECNIA Y PUBLICIDAD

 Completa el siguiente crucigrama:

### Horizontales

1. Panel destinado a publicidad que se coloca en una calle o carretera.

2. Cantidad que una empresa factura a sus clientes por la entrega de bienes o la realización de servicios.

3. Persona o empresa intermediaria entre fabricantes y otros mayoristas o minoristas.

4. Impreso de varias hojas de carácter publicitario.

### Verticales

5. Rebaja o disminución del precio a pagar al adquirir un bien o servicio.

6. Acto por el que una empresa financia total o parcialmente un programa de televisión, una competición deportiva, una obra social, etc., con fines publicitarios.

7. Conjunto de palabras o imágenes con las que se da a conocer un producto en la televisión, la radio, la prensa, etc.

8. Conjunto de acciones publicitarias que se desarrollan en un período de tiempo previamente determinado.

## BANCOS Y CAJAS DE AHORRO

 Completa estas palabras según las definiciones:

**1.** Diferencia entre las sumas del debe y el haber.

S _ _ _ O

**2.** Cantidad de dinero, establecida antes de la firma del contrato bancario, que el cliente abona por un servicio.

C _ _ I _ I _ _

**3.** Cantidad de dinero reunida para realizar determinadas actividades económicas.

F _ _ D _

**4.** Cantidad producida por un capital en un periodo determinado.

I _ _ E _ _ S

**5.** Persona física o jurídica con la que se ha contraído una deuda por bienes o servicios suministrados y no pagados.

A _ _ E _ D _ _

**6.** Contrato por el cual se consigue un crédito con la garantía de un inmueble, con cuyo valor se responde del riesgo del impago.

H _ _ _ T _ _ _

**7.** Compromiso de una persona (física o jurídica) de responder por la obligación de otra en caso de que ésta incumpla.

_ _ _ L

**8.** Aportar los recursos económicos necesarios para la creación de una empresa, el desarrollo de un proyecto o el buen fin de una operación comercial.

F _ _ _ N _ _ _ _

## LA BOLSA

 Busca en la siguiente sopa de letras diez palabras relacionadas con la Bolsa:

| | | | | | | | | | | | |
|---|---|---|---|---|---|---|---|---|---|---|---|
| E | S | D | G | Z | S | J | F | C | R | D | A |
| V | B | O | N | O | J | E | U | E | A | C | F |
| A | D | T | W | R | E | F | T | R | Q | O | C |
| I | C | G | E | F | A | I | U | F | W | R | O |
| N | X | C | A | R | T | E | R | A | E | R | T |
| V | J | F | W | N | P | Y | O | H | R | E | I |
| E | N | S | A | B | R | R | T | G | T | D | Z |
| R | O | A | C | C | I | O | N | J | Y | O | A |
| S | I | V | D | I | M | D | G | M | F | R | R |
| I | F | B | G | P | A | R | Q | U | E | G | S |
| O | D | K | J | O | F | U | S | I | O | N | J |
| N | K | O | K | S | D | E | S | T | H | L | C |

## IMPORTACIÓN / EXPORTACIÓN

**6** Ordena las letras y forma las palabras correspondientes a cada definición. Escríbelas en el recuadro:

| | |
|---|---|
| 1. Empresa que posee sociedades en varios países. | TINALCIMULONA |
| 2. Documento, especialmente un pasaporte, revisado y aceptado por la autoridad competente para entrar en un país extranjero. | SADIVO |
| 3. Empresa que, aun teniendo plena responsabilidad jurídica y autonomía financiera, depende de una sociedad dominante. | LILFIA |
| 4. Acuerdo resultante de la discusión sobre un asunto. | DATROTA |
| 5. Proceso por el cual las empresas cambian la ubicación geográfica de uno o varios departamentos para aprovechar mejor los recursos de producción, reducir los costes de transporte, de mano de obra, etcétera. | CALODESCÓNILIZA |
| 6. Proceso por el que las empresas de un país extienden sus actividades a otros países. | NERNINCIOAÓNTAIZACIL |
| 7. La tasa oficial que se aplica a la entrada, salida y tránsito internacional de mercancías. | RACELAN |
| 8. Situada en los puertos, las fronteras y los aeropuertos, se encarga de vigilar el paso de bienes y personas. | ANADAU |
| 9. Bienes muebles que pueden ser intercambiados en una operación comercial | CRÍMECANAS |
| 10. Exposición temporal destinada a la publicidad y, a veces, a la venta. | RIAFE |

## EL SISTEMA FISCAL

 **Relaciona las palabras con sus sinónimos:**

| | |
|---|---|
| 1. Fisco | a. estafa |
| 2. tributo | b. estímulo |
| 3. gravar | c. Hacienda |
| 4. fraude | d. desgravar |
| 5. reducir | e. cargar |
| 6. incentivo | f. impuesto |

## CONTABILIDAD Y FINANZAS

**Relaciona las siguientes palabras con sus definiciones:**

| | | | |
|---|---|---|---|
| a. liquidez | _____ | f. vencimiento | _____ |
| b. inventario | _____ | g. existencias | _____ |
| c. ejercicio | _____ | h. dividendo | _____ |
| d. auditoría | _____ | i. quiebra | _____ |
| e. asiento | _____ | j. balance | _____ |

1. Anotación en los libros contables para registrar una operación contable.
2. Representación contable de la situación económica y financiera de una empresa.
3. Período de tiempo, generalmente un año, en el que se divide la actividad de una empresa para valorarla a efectos económicos y contables y medir el resultado.
4. Parte de los beneficios o reservas de una sociedad que se reparte entre los accionistas como remuneración al capital invertido.
5. Fecha límite para pagar una deuda.
6. Posibilidad de convertir rápidamente un activo en dinero.
7. Relación de bienes y derechos que posee una persona física o jurídica.
8. Situación en la que una persona física o jurídica sufre la imposibilidad de hacer frente a sus obligaciones, como consecuencia de ser mayor su pasivo que su activo.
9. Comprobación de la información económico-financiera de una empresa.
10. Son todos los bienes y materiales, en cualquier estadio de la producción, que una empresa debe tener antes de realizar una venta.

## VIAJES Y COMUNICACIÓN

 **Escribe los sustantivos correspondientes a estos verbos:**

1. Parar _____
2. Embarcar _____
3. Cancelar _____
4. Asegurar _____
5. Despegar _____
6. Facturar _____
7. Reservar _____
8. Alojarse _____

 **Ordena las siguientes palabras en el grupo correspondiente:**

| | | |
|---|---|---|
| – línea | – cobertura | – batería |
| – saluda | – instancia | – navegar |
| – arroba | – portal | – pedido |
| – colgar | – circular | – sitio |

| CORRESPONDENCIA | TELEFONÍA | INTERNET |
|---|---|---|
| | | |
| | | |
| | | |
| | | |

# [ SOLUCIONARIO ]

## UNIDAD 1

**A.**

1. 1. entidad; 2. capital; 3. contratar; 4. trabajadores; 5. propósito lucrativo; 6. actividades industriales y mercantiles; 7. servicios.

2. a10; b8; c9; d3; e1; f5; g7; h6; i2; j4.

**B.**

1. a3; b10; c4; d2; e5; f11; g1; h12; i6; j7; k8; l9.

2.

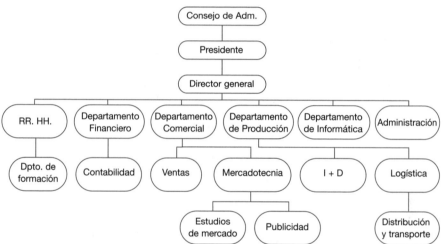

3.

1. Sección de Ventas, Departamento Comercial.

2. Departamento de Recursos Humanos.

3. Departamento Financiero, sección de Contabilidad.

4. Departamento de Producción.

5. Departamento de Informática.

6. Departamento Financiero.

7. Publicidad, sección de Mercadotecnia, Departamento Comercial.

8. Departamento de Administración.

**C.**

1. 7, 9, 8, 5, 3, 2, 4, 10, 1, 6.

2. 1d; 2b; 3c; 4e; 5a.

## UNIDAD 2

**A.**

**1.** a4; b5; c1; d2; e3.

**2.** 1. bolsa; 2. informe; 3. baja; 4. rendimiento económico; 5. conflictos; 6. vacante; 7. sindicatos; 8. ahorrar costes.

**B.**

**1.** Fuentes internas: promoción o ascenso.
Fuentes externas: agencias de colocación públicas y privadas, centros de estudio, empresas de trabajo temporal, colegios y asociaciones profesionales, anuncios en la prensa, bases de datos.

**2.** 1c; 2g; 3d; 4b; 5h; 6e; 7a; 8i; 9f; 10j.

**3.** 1. incorporar; 2. sede; 3. licenciatura; 4. puesto; 5. gestión; 6. riesgos laborales; 7. retribución; 8. valía; 9. integración; 10. referencia.

**C.**

**1.** a. obra y servicio; b. indefinido; c. formación; d. prácticas; e. total relevo; f. interinidad; g. eventual.

**2.** 1. se movilizan; 2. negociaciones; 3. convenio colectivo; 4. paros; 5. sindicatos; 6. precariedad; 7. carga; 8. estabilidad; 9. subida salarial; 10. patronal.

## UNIDAD 3

**A.**

**1.** Asegurar la colocación de los productos en el mercado de la forma más conveniente.

**2.** 1b; 2c; 3d; 4a.

**B.**

**1.**

|  | producto | precio | posición | promoción |
|---|---|---|---|---|
| muestras gratuitas |  |  |  | X |
| beneficio |  | X |  |  |
| venta directa |  |  | X |  |
| descuentos |  |  |  | X |
| envasado | X |  |  |  |
| costes |  | X |  |  |
| publicidad |  |  |  | X |
| intermediarios |  |  | X |  |
| accesorios | X |  |  |  |
| ingresos |  | X |  |  |
| ofertas |  |  |  | X |
| marca | X |  |  |  |
| mayorista |  |  | X |  |
| ventas |  | X |  |  |
| diseño | X |  |  |  |
| minorista |  |  | X |  |

**2.** 1. consumidores; 2. empresas competidoras; 3. marca; 4. envasado; 5. beneficios; 6. cubrir los costes; 7. rentabilidad; 8. cuota; 9. sector; 10. mercado.

**3.** a. patrocinio; b. mayorista; c. ventas; d. punto de venta; e. fabricante; f. incrementar; g. muestra gratuita; h. venta directa; i. coste; j. descuento; k. minorista; l. canal de distribución.

**C.**

**1.** anuncio, catálogo, eslogan, folleto, campaña, buzonear, marquesina, valla.

## UNIDAD 4

**A.**

**1.** a. ingreso; b. código de cuenta; c. ingreso en efectivo; d. NIF; e. titular; f. importe; g. CIF; h. firma; i. reintegro.

**2.** 1a; 2c; 3b; 4d.

**3.** 1d; 2k; 3l; 4i; 5f; 6e; 7c; 8g; 9b; 10j; 11a; 12h.

**B.**

**1.** 1. importe; 2. disponer; 3. intereses; 4. reembolso; 5. deuda; 6 amortizaciones; 7. penalizados; 8. reintegrar; 9. pago; 10. compraventa; 11. financia; 12. carga.

**2.**

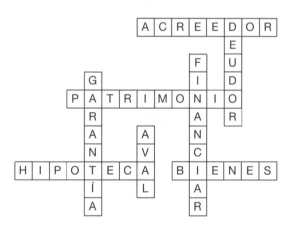

**C.**

**1.** 1. plusvalía; 2. beneficio neto; 3. cuenta de resultados; 4. dividendos; 5. participaciones; 6. cuota de mercado; 7 margen financiero; 8. tipos de interés.

## UNIDAD 5

**A.**

**1.** 1. institución económica; 2. contratación público-mercantil; 3. efectos; 4. banqueros; 5. operaciones; 6. corredores; 7. mediadores; 8. cotizaciones; 9. índice bursátil; 10. negociadas.

**2.** Es la entidad española encargada de regular las Bolsas de Comercio y de establecer las normas de admisión y cotización de valores.

**B.**

**1.** 1. renta variable; 2. bonos; 3. futuro; 4. acciones; 5. opciones; 6. renta fija.

**2.** 1. volumen de contratación, 2. margen de beneficios; 3. reconversión; 4. fusión; 5. alza; 6. recortar; 7. cartera; 8. prima; 9. baja; 10. parqué.

**C.**

**1.**

MEFF: Mercados Españoles de Futuros Financieros

OPA: Oferta Pública de Adquisición

BME: Bolsas y Mercados Españoles

AIAF: Asociación de Intermediarios de Activos Financieros

MFAO: Mercado de Futuros del Aceite de Oliva

OPV: Oferta Pública de Venta

**2.** a2; b3; c5; d1; e4.

**3.**

| Bienes de consumo | Petróleo y Energía | Materiales básicos, Industria y Construcción | Servicios Financieros e Inmobiliarias | Servicios de Consumo |
|---|---|---|---|---|
| Alimentación y bebidas | Electricidad y gas | Fabricación y montaje de bienes de equipo | Banca | Ocio, turismo y hostelería |
| Automóvil | Petróleo | Minerales, metales y transformación de productos metálicos | Seguros | Aparcamientos y autopistas |
| Productos farmacéuticos y biotecnología | Agua y otros | Materiales de construcción | Sociedad de cartera y holding | Transporte y distribución |
| Textil, vestido y calzado | | Construcción | Inmobiliarias y otros | Comercio |
| Papel y artes gráficas | | Industria química y aeroespacial | | Medios de comunicación y publicidad |

## UNIDAD 6

**A.**

**1.** 1. exportación; 2. mercancías; 3. importación; 4. arancel; 5. aduana; 6. exacción.

**B.**

**1.**

TCLAN: Tratado de Libre Comercio de América del Norte

MCCA: Mercado Común Centroamericano

Mercosur: Mercado Común del Sur

CAN: Comunidad Andina
ACP: África, Caribe y Pacífico
ALCA: Área de Libre Comercio de las Américas
Caricom: Comunidad del Caribe
CSN: Comunidad Suramericana de Naciones

2. 1. internacionalización; 2. inversiones; 3. capitalización y productividad; 4. crecimiento y rentabilidad; 5. privatización y desregulación; 6. necesidades y oportunidades; 7. cuotas; 8. proteccionismo; 9. mercados globalizados; 10. telecomunicaciones y banca; 11. ciclos económicos; 12. flujo de capitales.

**C.**

1. a7; b5; c6; d1; e8; f9; g3; h4; i10; j2.

2.

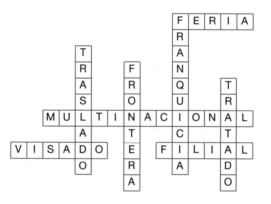

3.

| invertir | inversión | invertido/a | inversor(a) |
|----------|-----------|-------------|-------------|
| financiar | financiación | financiado/a | financiero/a |
| negociar | negociación | negociado/a | negociador(a) |
| asegurar | seguro | asegurado/a | asegurador(a) |
| perder | pérdida | perdido/a | perdedor(a) |
| ganar | ganancia | ganado/a | ganador(a) |
| emitir | emisión | emitido/a | emisor(a) |
| deber | deuda | adeudado/a | deudor(a) |
| importar | importación | importado/a | importador(a) |
| exportar | exportación | exportado/a | exportador(a) |

## UNIDAD 7

**A.**

1. a. impuesto, b. tasa.

2. 1h Hacienda pública; 2a Economía sumergida; 3d Estado de bienestar; 4e Presión fiscal; 5g Malversación de fondos; 6i Declaración de la renta; 7f Libre de impuestos; 8c Dinero negro; 9j Fuga de capitales; 10b Tipo impositivo.

**3.** a. Presión fiscal; b. Malversación de fondos; c. Hacienda pública; d. Declaración de la renta; e. Dinero negro; f. Libre de impuestos; g. Economía sumergida; h. Fuga de capitales; i. Estado de bienestar; j. Tipo impositivo.

**4.** A. multa; B. gestión; C. expedir; D. lucro; E. derecho.

**B.**

**1.** 1. cuota; 2. incentivo; 3. deducción; 4. amortización; 5. activos.

**2.** a7; b6; c5; d4; e1; f2; g3.

**C.**

**1.** 1. Hacienda; 2. rendimientos; 3. estafadores; 4. fraudes; 5. arrendados; 6. deducciones; 7. rentable; 8. incrementar.

**2.** 1. Agencia Tributaria; 2. evasión; 3. recaudar; 4. pactos; 5. retención; 6. fraudulentas; 7. tributaria; 8. negro; 9. pago; 10. antifraude.

## UNIDAD 8

**A.**

**1.** 1. operaciones mercantiles; 2. gerentes; 3. datos contables; 4. solvencia; 5. tendencias.

**2.** proveedor-comprador; pedido-entrega; debe-haber; pérdidas-ganancias; aumento-disminución; gasto-ingreso; acreedor-deudor; déficit-superávit.

**3.** 1. tesorería; 2. asiento; 3. balance; 4. impagado; 5. cobro; 6. fondo; 7. coste; 8. ejercicio; 9. saldo; 10. dividendo; 11. vencimiento; 12. liquidez.

**B.**

**1.** a4; b2; c1; d3.

**2.**

activo fijo: terrenos, edificios, maquinaria, mobiliario.

activo circulante: existencias, tesorería, realizable.

pasivo fijo: capital, reservas, créditos a medio y largo plazo.

pasivo circulante: créditos a corto plazo, Seguridad Social, Hacienda Pública.

**C.**

**1.**   1. Material editorial.

2. Libros y CD.

3. Libro de alumno: 16,10 €; Cuaderno de ejercicios: 7 €; CD: 18,50 €.

4. 560,68 €.

5. 30 €.

6. 10 €.

7. 21,56 €.

8. 8-6-2005.

**2.** a2; b1; c10; d9; e3; f5; g6; h7; i8; j4.

# UNIDAD 9

**A.**

**1.** 1. no; 2. 3,01D; 3. no; 4. no; 5. al menos dos minutos antes de la hora prevista para la salida.

**2.** 1. aterrizaje; 2. alojamiento; 3. salida; 4. reclamación; 5. despegue; 6. reserva; 7. factura; 8. llegada; 9. retraso; 10. vuelo.

**3.** 1. andén; 2. cancelar; 3. vagón; 4. seguro; 5. parada; 6. propina; 7. equipaje; 8. azafato/a; 9. embarcar; 10. escala.

**B.**

**1.** a6; b5; c3; d2; e1; f4.

**2.** 1. Acuse de recibo; 2. Saluda; 3. Pedido; 4. Memorándum; 5. Instancia.

**C.**

**1.**

| B | P | C | O | B | E | R | T | U | R | A | O |
|---|---|---|---|---|---|---|---|---|---|---|---|
| A | Z | O | S | A | N | A | R | E | R | S | P |
| T | A | N | L | O | N | O | C | P | E | A | E |
| E | X | T | E | N | S | I | O | N | S | M | R |
| R | C | E | J | G | H | B | L | I | N | E | A |
| I | A | S | O | C | G | S | G | A | L | B | D |
| A | R | T | P | U | L | S | A | R | G | E | O |
| O | G | A | S | R | H | S | R | M | Z | A | R |
| J | A | D | I | D | G | U | F | T | H | G | H |
| L | R | O | F | C | T | U | V | D | F | L | U |
| H | M | R | L | Q | A | D | A | W | S | S | A |
| B | F | O | K | E | R | M | A | R | C | A | R |

**2.** a4; b8; c2; d1; e5; f6; g10; h9; i7; j3.

**A.**

1. 1h; 2d; 3g; 4c; 5i; 6b; 7j; 8f; 9e; 10a.

2.

| F | O | R | M | A | C | I | O | N | A | D | L |
|---|---|---|---|---|---|---|---|---|---|---|---|
| B | R | N | G | K | X | N | S | W | H | Y | I |
| J | E | B | F | N | T | T | R | G | G | S | C |
| U | F | F | C | Z | W | E | A | F | D | R | E |
| B | E | A | H | D | D | R | E | A | U | A | N |
| I | R | D | S | G | J | I | D | K | X | S | C |
| L | E | V | A | C | A | N | T | E | G | C | I |
| A | N | U | C | I | E | I | F | L | W | E | A |
| R | C | A | N | D | I | D | A | T | O | N | T |
| S | I | U | J | G | B | A | J | A | C | S | U |
| E | A | E | L | N | S | D | P | G | I | O | R |
| S | E | L | E | C | C | I | O | N | K | I | A |

3.

4. 1. saldo; 2. comisión; 3. fondo; 4. interés; 5. acreedor; 6. hipoteca; 7. aval; 8. financiar.

**5.**

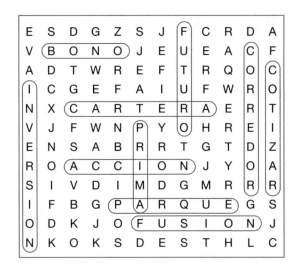

6. 1. multinacional; 2. visado; 3. filial; 4. tratado; 5. deslocalización; 6. internacionalización; 7. arancel; 8. aduana; 9. mercancías; 10. feria.

7. 1c; 2f; 3e; 4a; 5d; 6b.

8. a6; b7; c3; d9; e1; f5; g10; h4; i8; j2.

9. 1. parada; 2. embarque; 3. cancelación; 4. seguro; 5. despegue; 6. facturación; 7. reserva; 8. alojamiento.

10.

| CORRESPONDENCIA | TELEFONÍA | INTERNET |
|---|---|---|
| instancia | cobertura | sitio |
| circular | colgar | arroba |
| saluda | batería | navegar |
| pedido | línea | portal |

**A**

Abonar-*To pay*

Administración: *Administration. Management*

Adquirir: *To acquire, to purchase*

Accesorios: *Accessories*

Acción: *Share*

Acreedor: *Creditor*

Activo circulante: *Current assets*

Activo fijo: *Fixed assets*

Acuerdo: *Agreement. Resolution*

Acuse de recibo: *Acknowledgement of receipt*

Adeudado: *In debt*

Adeudar: *To owe*

Aduana: *Customs*

Agencia Tributaria: *Tax Office, Internal Revenue Service (US)*

Ahorrar: *To save*

Alojamiento: *Lodgings*

Alojarse: *To lodge*

Alquiler: *Rent*

Alquilar: *To rent*

Alza: *Rise, boom*

Amortizar: *To repay, to redeem. Depreciate*

Amortización: *Repayment, redemption. Depreciation*

Análisis: *Analysis*

Analista: *Analyst*

Andén: *Platform*

Anuncio: *Advertising*

Aplicación: *Enforcement. Implementation*

Aprovisionamiento: *Supplies*

Arancel: *Tariff, duty*

Área: *Area*

Arrendar: *To rent, to lease, to let*

Arroba: *At sign*

Ascender: *To promote, to raise*

Ascenso: *Promotion, rise*

Asegurado: *Insured, assured*

Asegurador: *Insurer*

Asegurar: *To insure*

Asiento: *Entry, accounting entry, book entry*

Aterrizaje: *Landing*

Aterrizar: *To land*

Auditor: *Auditor*

Auditoría: *Audit, auditing*

Autónomo: *Self-employed person, free-lance person*

Aumentar: *To increase, to add to, to augment*

Aval: *Endorsement, guarantee, collateral*

**B**

Baja: *Fall. Sick leave*

Balance de situación: *Balance sheet*

Balanza comercial: *Balance of trade*

Banco de datos: *Database*

Banda ancha: *Broadband*

Banquero: *Banker*

Batería: *Battery*

Beneficio: *Profit, gain*

Bien: *Goods, commodity*

Bienes inmuebles: *Real estate*

Bienes muebles: *Chattels, movable goods*

Bolsa: *Stock Exchange*

Bono: *Bond*

Bruto: *Gross*

Buzón de voz: *Voice mail*

Buzonear: *Mailing*

## C

Caja de Ahorros: *Savings banks (UK); Savings and loan (US)*

Cámara de comercio: *Chamber of Commerce*

Campaña: *Campaign*

Canal de distribución: *Channel of distribution*

Cancelar: *To cancel. To write off, to wipe out*

Cancelación: *Cancellation*

Candidato: *Applicant*

Capital: *Capital*

Capital circulante: *Working capital*

Carga: *Load, burden, onus*

Carga fiscal: *Tax burden*

Cargar: *To load. To increase. To charge*

Cargo: *Post, position*

Carrera universitaria: *Higher education*

Cartera: *Portfolio*

Catálogo: *Catalogue*

Cheque: *Cheque (UK); Check (US)*

Cifra de negocios: *Turnover*

Circular: *Circular*

Cliente: *Client, customer*

Cobertura: *Coverage*

Cobrar: *To collect, to receive payment*

Cobro: *Collection*

Colgar: *Hang up, ring off*

Comanditario (socio): *Sleeping partner*

Comercial: *Commercial, business*

Comerciante: *Trader, dealer, merchant*

Comisión: *Commission. Committee*

Comité de empresa: *Workers committee*

Compañía: *Company, corporation*

Competencia: *Competition*

Comprador: *Buyer, purchaser*

Comprar: *To buy*

Compraventa: *Sale and purchase contract*

Conflicto laboral: *Labo(u)r dispute*

Consejero: *Director*

Consejero delegado: *Managing director*

Consejo de Administración: *Board of Directors*

Constituirse: *To form*

Consumidor: *Consumer*

Contabilidad: *Accounting*

Contable: *Bookkeeper. Accounting*

Contestador automático: *Answering machine*

Contratar: *To contract, to hire*

Contrato: *Contract, agreement*

Contribuyente: *Taxpayer*

Convenio colectivo: *Labo(u)r agreement*

Cooperativa (sociedad): *Cooperative society*

Corredor: *Broker*

Correo electrónico: *E-mail*

Corretaje: *Brokerage, commission*

Corto plazo: *Short term*

Coste: *Cost*

Costo: *Cost*

Cotización: *Quotation, quote, price*

Cotizar: *To list, to quote. To pay social security contributions*

Creatividad: *Creativity*

Crédito: *Credit*

Cuantía: *Amount, quantity, sum*

Cubrir: *To cover. To fill*

Cuenta: *Account*

Cuenta corriente: *Checking account, current account (UK). Demand deposit (US)*

Cuenta de resultados: *Profit and loss account*

Cuota: *Fixed charge, fee, dues. Tax charge, tax liability*

Cuota de mercado: *Market share*

**D**

Debe: *Debit. Debit side*

Deber: *To owe*

Declaración de la renta: *Tax return*

Declaración fiscal: *Tax return*

Declaración tributaria: *Tax return*

Deducción: *Deduction*

Déficit: *Deficit*

Delito fiscal: *Tax offense*

Demanda: *Demand*

Depósito: *Deposit*

Derecho: *Right*

Desarrollo: *Development*

Descarga: *Unloading, firing, discharge*

Descargar: *To unload*

Descontar: *To discount*

Descuento: *Discount, rebate*

Desempleado: *Unemployed*

Desempleo: *Unemployment*

Desgravación: *Tax allowance, tax deduction, tax abatement*

Deslocalización: *Delocalization*

Despegar: *To Take off*

Despegue: *Take-off*

Despido: *Dismissal*

Destinatario: *Addressee*

Desregulación: *Deregulation*

Deuda: *Debt*

Deudor: *Debtor*

Dimisión: *Resignation*

Dinero en efectivo / en metálico: *Cash money*

Dinero negro: *Black money*

Directivo: *Executive, Manager*

Director: *Manager*

Director adjunto: *Deputy manager, assistant general manager*

Director general: *General manager*

Diseño: *Design*

Disminución: *Disminution, decrease*

Disponer: *To withdraw*

Disponible: *Unrestricted, available*

Distribución: *Distribution*

Diversificación: *Diversification*

Dividendo: *Dividend*

Divisas: *Foreign currency*

Donación: *Donation, gift*

# E

Economía sumergida: *Black economy, underground economy, hidden economy*

Ejecución: *Execution*

Ejecutivo: *Executive*

Ejercicio: *Fiscal year, business year*

Elaboración: *Elaboration*

Embarcar: *To load. To board*

Embargar: *To seize*

Emergente: *Emerging*

Empleado: *Employee*

Emplear: *To hire*

Empresa: *Company, enterprise, firm*

Empresario: *Entrepreneur*

Encuesta: *Poll, survey*

Engaño: *Fraud, trick*

Entidad: *Entity*

Entrega: *Delivery*

Envasado: *Package*

Envasar: *To pack*

Equipaje: *Luggage*

Equipo: *Equipment. Team*

Erario: *Exchequer, treasury*

Escala: *Stopover*

Eslogan: *Slogan*

Estabilidad: *Stability*

Estado de bienestar: *Welfare state*

Estafa: *Swindle*

Estafador: *Swindler, trickster, racketeer*

Estrategia: *Strategy*

Estudio: *Survey*

Evasión de capitales: *Flight of capital*

Evasión fiscal: *Tax evasion, tax dodging*

Exacción fiscal: *Levying of taxes*

Excedente: *Excess*

Exceso: *Excess*

Exención: *Exemption*

Existencias: *Stocks (UK); Inventories (US)*

Éxito: *Success*

Expansión: *Expansion*

Expedir: *To dispatch*

Experiencia: *Experience*

Experto: *Expert, skilled, experienced*

Exportación: *Export, exportation*

Exportado: *Export*

Exportador: *Exporter*

Exportar: *To export*

Extensión: *Extension*

Extracción: *Extraction*

Extracto: *Bank statement, statement of account*

# F

Fábrica: *Factory*

Fabricación: *Manufacture, making*

Fabricante: *Manufacturer, producer*

Fabricar: *To manufacture, to make*

Factura: *Invoice, bill*

Facturar: *To invoice. To register, to check*

Facturación: *Invoicing. Check-in, checking of luggage.*

Feria: *Fair, market*

Filial: *Subsidiary company, affiliate*

Financiación: *Financing*

Financiado: *Financed*

Financiar: *To finance*

Financiero: *Financial*

Finanzas: *Finance*

Firma: *Signature. Firm*

Fisco: *Treasury. Tax administration*

Fiscal: *Fiscal, tax*

Flujo: *Flow*

Folleto: *Leaflet*

Fondo: *Fund. Stock*

Fondo de maniobra: *Working capital*

Fondo de previsión: *Contingency allowance*

Fondos de inversión: *Unit trusts (UK); Mutual funds (US)*

Formación: *Education. Training*

Franquicia: *Franchise, franchising*

Fraude: *Fraud*

Fraudulento: *Fraudulent*

Frontera: *Frontier, border*

Fuga de capitales: *Flight of capital*

Funcionario: *Civil servant, functionary, public servant*

Fusión: *Merger*

Futuros: *Futures*

**G**

Ganancia: *Profit, gain*

Ganado: *Won*

Ganador: *Winner*

Ganar: *To win*

Garantía: *Guarantee*

Gasto: *Expense*

Gerente: *Manager*

Gestión: *Management. Business administration*

Gestionar: *To manage*

Globalización: *Globalization*

Globalizado: *Globalized*

Gravar: *To tax, to levy*

**H**

Haber: *Credit*

Hacienda Pública: *Public Treasury*

Heredar: *To inherit*

Heredero: *Heir*

Herencia: *Inheritance, estate*

Higiene: *Hygiene*

Hipoteca: *Mortgage*

Hipotecado: *Mortgaged*

Hipotecar: *To mortgage*

Huelga: *Strike*

**I**

Ilegal: *Illegal, unlawful*

Impago: *Unpaid*

Imponible: *Taxable*

Importación: *Import, importation*

Importado: *Imported*

Importador: *Importer*

Importar: *To import*

Importe: *Amount, value, cost*

Imposición: *Deposit. Taxation*

Imposición a plazo fijo: *Fixed term deposit*

Impreso: *Form*

Impuesto: *Tax*

Impuesto sobre la renta: *Income tax*

Incentivo: *Incentive*

Incorporar: *Incorporate*

Incrementar: *To augment, to increase*

Índice: *Index*

Índice bursátil: *Stock indexes*

Inflación: *Inflation*

Informe: *Report, statement*

Ingreso: *Revenue. Deposit*

Ingresar: *To deposit*

Inmovilizado: *Fixed assets*

Inscribir(se): *To enrol, to register*

Inscrito: *Enroled, registered*

Insolvencia: *Insolvency*

Insolvente: *Insolvent*

Instancia: *Petition, application*

Interés: *Interest*

Interés fijo: *Fixed interest rate*

Interés variable: *Variable interest rate*

Intereses de demora: *Interest for delayed payment*

Intermediario: *Intermediary, jobber*

Internacionalización: *Internationalization*

Inventario: *Inventory, stocks, inventories*

Inversión: *Investment*

Inversor: *Investor*

Invertido: *Invested*

Invertir: *To invest*

## J

Jornada: *Working day, working hours. Business day*

Jubilación: *Retirement*

Jubilado: *Retiree, pensioner*

Jubilarse: *To retire*

Justificante: *Proof, voucher*

## L

Lanzamiento: *Launch*

Largo plazo: *Long term*

Legal: *Legal*

Legalidad: *Legality*

Libre de impuestos: *Free of tax, tax-free*

Libreta de ahorros: *Savings pass-book*

Libro Diario: *Journal*

Licencia: *License, permit*

Licenciatura: *Degree*

Línea: *Line*

Liquidación: *Settlement*

Liquidar: *To settle. To sell off*

Liquidez: *Liquidity*

Logística: *Logistics*

Lucrativo: *Lucrative*

Lucro: *Profit*

## M

Malversación: *Misappropriation*

Mano de obra: *Labo(u)r*

Mantenimiento: *Sustenance, maintenance*

Maquinaria: *Machinery*

Marca: *Brand, trademark*

Margen: *Margin*

Margen de beneficios: *Profit margin*

Margen financiero: *Financial margin*

Marquesina: *Bus-shelter*

Materias primas: *Raw materials*

Mayorista: *Wholesaler*

Membrete: *Letter-head, heading*

Memorándum: *Memorandum*

Mercado: *Market*

Mercado de valores: *Securities market*

Mercadotecnia: *Marketing*

Mercancía: *Merchandise*

Mercantil: *Mercantile, commercial, trading*

Minorista: *Retailer*

Mobiliario: *Furniture. Marketable*

Movilizarse: *To demonstrate*

Muestra gratuita: *Free sample*

Multa: *Fine*

Multinacional (empresa): *Multinational company, transnacional company*

**N**

Navegar: *To navigate, to sail*

Negociación: *Negotiation*

Negociar: *Negotiate*

Negocio: *Business*

Neto: *Net*

Nicho de mercado: *Market niche*

**O**

Objeto social: *Corporate purpose, line of business*

Oferta: *Supply. Offer*

Oficio: *Occupation*

Operador: *Operator*

Operación: *Operation*

**P**

Pactar: *To stipulate, to agree to, to contract for*

Pacto: *Pact, covenant, agreement*

Pagar: *To pay*

Pagaré: *Promissory note*

Pago: *Payment*

Parada: *Stop, stopping-place*

Paraíso fiscal: *Tax haven*

Parcial: *Partial*

Paro: *Strike. Unemployment*

Parqué: *Trading floor*

Participación: *Holding*

Pasivo: *Liabilities. Liability side*

Pasivo circulante: *Current liabilities*

Pasivo fijo: *Fixed liabilities, noncurrent liabilities*

Patrimonio: *Wealth*

Patrocinar: *To sponsor*

Patrocinio: *Sponsorship*

Patronal: *Employer's Organization*

Pedido: *Order*

Penalizar: *To penalise*

Perdedor: *Loser*

Perder: *To lose*

Pérdida: *Loss*

Perdido: *Lost*

Personal: *Personnel, employees, staff*

Plantilla: *Establishment*

Plazo: *Term*

Portal: *Gate*

Potencial: *Potential*

Precariedad: *Instability*

Precio: *Price*

Presión fiscal: *Fiscal pressure, tax pressure*

Prestación: *Rendering services*

Préstamo: *Loan*

Prestar: *To lend, to loan*

Presupuesto: *Budget*

Prevención: *Prevention*

Prima: *Premium*

Privatización: *Privatization*

Privatizar: *To privatize*

Productividad: *Productivity*

Producto: *Product*

Programa: *Program*

Programador: *Programmer*

Promocionar: *To promote*

Promotor: *Promoter*

Propiedad: *Ownership*

Propietario: *Owner*

Propina: *Tip, gratuity*

Proteccionismo: *Protectionism*

Proveedor: *Supplier*

Provisión: *Provision, accrual, allowance*

Provisión de fondos: *Advance*

Publicidad: *Advertising*

Puesto: *Post, position*

Pulsar: *To press, to strike*

**Q**

Quebrar: *To become bankrupt, to go bankrupt*

Quiebra: *Bankruptcy*

**R**

Rango: *Rank*

Razón social: *Corporate name, firm name*

Realizable: *Realisable*

Rebaja: *Discount, price reduction*

Rebajas: *Sales*

Recaudación: *Tax collection*

Recaudar: *To collect*

Recortar: *To cut*

Reconversión: *Reconversion*

Reconvertir: *To reconvert*

Recursos: *Resources*

Recursos Humanos: *Human resources*

Reducción: *Reduction, cut*

Reducir: *To diminish, to lessen, to cut*

Reembolso: *Repayment*

Referencia: *Reference*

Reintegrar: *To refund, to pay back*

Reintegro: *Withdrawal*

Remitente: *Sender*

Remuneración: *Remuneration, compensation*

Rendimiento: *Return*

Renta: *Income*

Rentabilidad: *Profitability*

Reserva: *Reserve*

Reservar: *To reserve*

Residencia: *Residence*

Residente: *Resident*

Retención: *Retention withholding*

Retener: *To withhold*

Retirar: *To withdraw*

Retrasar: *To delay, to defer, to put off*

Retraso: *Delay, time-lag*

Retribución: *Remuneration*

Riesgo: *Risk*

Riesgos laborales: *Work risks*

**S**

Salario: *Wage, salary*

Saldo: *Balance*

Saluda: *Compliments slip*

Sección: *Section*

Sector: *Sector, industry*

Sede: *Head office, headquarters*

Segmento: *Segment*

Seguridad Social: *Social security system*

Seguro: *Insurance, assurance*

Selección: *Selection*

Servicio: *Service*

Sindicato: *Trade union (UK); Labo(u)r union (US)*

Sitio: *Site*

Sociedad: *Company, corporation, partnership*

Socio: *Partner*

Solicitud: *Application*
Solvencia: *Solvency*
Sondeo: *Poll*
Subida: *Rise, increase*
Sucursal: *Branch*
Sueldo: *Salary, wage*
Suma: *Sum*
Superávit: *Surplus*
Sustituir: *To replace*

**T**
Talón: *Check*
Tarea: *Job, task*
Tarifa plana: *Flat rate*
Tasa: *Fee, levy*
Temporal: *Temporary*
Tendencia: *Tendency, trend*
Terreno: *Land*
Tesorería: *Liquid assets*
Tesoro Público: *Department of Treasury*
Tienda: *Shop, store*
Timador: *Swindler, confidence trickster*
Tipo de interés: *Interest rate*
Tipo impositivo: *Tax rate*
Titulación: *Degrees and diplomas*
Titular: *Holder*
Trabajador: *Worker, labo(u)rer*
Trámite: *Step (procedure)*
Transacción: *Transaction*
Transferencia: *Transfer*
Tránsito: *Transit, passage*
Transporte: *Transport*

Traslado: *Transfer, move*
Tratado: *Treaty*
Trayectoria: *Trajectory, path*
Tributar: *To pay taxes*
Tributo: *Tax*

**U**
Usuario: *User*

**V**
Vacante: *Vacancy*
Vagón: *Carriage, coach*
Valor: *Value*
Valla: *Hoarding, billboard (US)*
Variable: *Variable*
Vencimiento: *Due date*
Vendedor: *Seller*
Vender: *To sell*
Venta: *Sale*
Venta a plazos: *Installment sale*
Venta al detalle: *Retail sale*
Venta al por mayor: *Wholesale sale*
Venta al por menor: *Retail sale*
Visado: *Visa*
Volar: *To fly*
Volumen de contratación: *Trading volume*
Volumen de negocios: *Business volume sales*
Vuelo: *Flight*

**Z**
Zona franca: *Free-trade zone, customs-free zone*

# [GLOSARIO INGLÉS-ESPAÑOL]

## A

Accessories: *Accesorios*

Account: *Cuenta*

Accounting: *Contabilidad. Contable*

Accounting entry: *Asiento*

Accrual: *Provisión*

Acknowledgement of receipt: *Acuse de recibo*

Acquire (to): *Adquirir*

Add to (to): *Aumentar*

Addressee: *Destinatario*

Administration: *Administración*

Advance: *Provisión de fondos*

Advertising: *Publicidad. Anuncio*

Affiliate: *Filial*

Agreement: *Acuerdo, pacto. Contrato*

Agree to (to): *Pactar*

Allowance: *Provisión*

Amount: *Cuantía, importe*

Analysis: *Análisis*

Analyst: *Analista*

Answering machine: *Contestador automático*

Applicant: *Candidato*

Application: *Instancia. Solicitud*

Area: *Área*

Assistant general manager: *Director adjunto*

Assurance: *Seguro*

Assured: *Asegurado*

At sign: *Arroba*

Audit: *Auditoría*

Auditing: *Auditoría*

Auditor: *Auditor*

Augment (to): *Aumentar, incrementar*

Available: *Disponible*

## B

Balance: *Saldo*

Balance of trade: *Balanza comercial*

Balance sheet: *Balance de situación*

Banker: *Banquero*

Bank statement: *Extracto*

Bankruptcy: *Quiebra*

Battery: *Batería*

Become bankrupt (to): *Quebrar*

Bill: *Factura*

Billboard (EE.UU.): *Valla*

Black economy: *Economía sumergida*

Black money: *Dinero negro*

Board (to): *Embarcar*

Board of Directors: *Consejo de Administración*

Bond: *Bono*

Book entry: *Asiento*

Bookkeeper: *Contable*

Boom: *Alza*

Border: *Frontera*

Branch: *Sucursal*

Brand: *Marca*

Broadband: *Banda ancha*

Broker: *Corredor*

Brokerage: *Corretaje*

Budget: *Presupuesto*

Burden: *Carga*

Business: *Negocio. Comercial*

Business administration: *Gestión*

Business day: *Jornada*

Business volume sales: *Volumen de negocios*

Business year: *Ejercicio*

Bus-shelter: *Marquesina*

Buy (to): *Comprar*

Buyer: *Comprador*

## C

Campaign: *Campaña*

Cancel (to): *Cancelar*

Cancellation: *Cancelación*

Capital: *Capital*

Carriage: *Vagón*

Cash money: *Dinero en efectivo / en metálico*

Catalogue: *Catálogo*

Chamber of Commerce: *Cámara de comercio*

Channel of distribution: *Canal de distribución*

Charge (to): *Cargar*

Chattels: *Bienes muebles*

Check (EE.UU.): *Cheque, talón*

Check (to): *Facturar*

Check-in: *Facturación*

Checking account: *Cuenta corriente*

Checking of luggage: *Facturación*

Cheque (R.U.): *Cheque, talón*

Circular: *Circular*

Civil servant: *Funcionario*

Client: *Cliente*

Coach: *Vagón*

Collateral: *Aval*

Collect (to): *Cobrar. Recaudar*

Collection: *Cobro*

Commercial: *Comercial, mercantil*

Commission: *Comisión. Corretaje*

Committée: *Comisión*

Commodity: *Bien*

Company: *Empresa. Compañía. Sociedad*

Compensation: *Remuneración, retribución*

Competition: *Competencia*

Compliments slip: *Saluda*

Confidence trickster: *Timador*

Consumer: *Consumidor*

Contingency allowance: *Fondo de previsión*

Contract: *Contrato*

Contract (to): *Contratar*

Contract for (to): *Pactar*

Cooperative society: *Cooperativa*

Corporate name: *Razón social*

Corporate purpose: *Objeto social*

Corporation: *Compañía. Sociedad*

Cost: *Coste, costo, importe*

Covenant: *Pacto*

Cover (to): *Cubrir*

Coverage: *Cobertura*

Creativity: *Creatividad*

Credit: *Crédito. Haber*

Creditor: *Acreedor*

Current account (R.U.): *Cuenta corriente*

Current assets: *Activo circulante*

Current liabilities: *Pasivo circulante*

Customer: *Cliente*

Customs: *Aduana*

Cut: *Reducción*

Cut (to): *Recortar, reducir*

**D**

Database: *Banco de datos*

Dealer: *Comerciante*

Debit: *Debe*

Debit side: *Debe*

Debt: *Deuda*

Debt (in): *Adeudado*

Debtor: *Deudor*

Decrease: *Disminución*

Defer (to): *Retrasar*

Deficit: *Déficit*

Degree: *Licenciatura*

Degrees and diplomas: *Titulación*

Delay: *Retraso*

Delay (to): *Retrasar*

Delocalization: *Deslocalización*

Demand: *Demanda*

Demand deposit (EE.UU.): *Cuenta corriente*

Demonstrate (to): *Movilizarse*

Department of Treasury: *Tesoro público*

Deposit: *Depósito. Imposición, ingreso*

Deposit (to): *Ingresar*

Depreciate (to): *Amortizar*

Depreciation: *Amortización*

Deputy manager: *Director adjunto*

Deregulation: *Desregulación*

Design: *Diseño*

Development: *Desarrollo*

Diminish (to): *Reducir*

Director: *Consejero*

Discharge: *Descarga*

Discount: *Descuento*

Discount (to): *Descontar*

Disminution: *Disminución*

Dismissal: *Despido*

Dispatch (to): *Expedir*

Distribution: *Distribución*

Diversification: *Diversificación*

Dividend: *Dividendo*

Donation: *Donación*

Due date: *Vencimiento*

Dues: *Cuota*

Duty: *Arancel*

**E**

Education: *Formación*

Elaboration: *Elaboración*

E-mail: *Correo electrónico*

Emerging: *Emergente*

Employee: *Empleado*

Employees: *Personal*

Employer's Organization: *Patronal*

Endorsement: *Aval*

Enforcement: *Aplicación*

Enrol (to): *Inscirbir(se)*

Enroled: *Inscrito*

Enterprise: *Empresa*

Entity: *Entidad*

Entrepreneur: *Empresario*

Entry: *Asiento*

Equipment: *Equipo*

Establishment: *Plantilla*

Estate: *Herencia*

Excess: *Exceso. Excedente*

Exchequer: *Erario*

Execution: *Ejecución*

Executive: *Directivo. Ejecutivo*

Exemption: *Exención*

Expansion: *Expansión*

Expense: *Gasto*

Experience: *Experiencia*

Experienced: *Experto*

Expert: *Experto*

Export: *Exportación. Exportado*

Export (to): *Exportar*

Exportation: *Exportación*

Exporter: *Exportador*

Extension: *Extensión*

Extraction: *Extracción*


**F**

Factory: *Fábrica*

Fair: *Feria*

Fall: *Baja*

Fee: *Cuota. Tasa*

Fill (to): *Cubrir*

Finance: *Finanzas*

Finance (to): *Financiar*

Financed: *Financiado*

Financial: *Financiero*

Financial margin: *Margen financiero*

Financing: *Financiación*

Fine: *Multa*

Firing: *Descarga*

Firm: *Empresa, firma*

Firm name: *Razón social*

Fiscal: *Fiscal*

Fiscal pressure: *Presión fiscal*

Fiscal year: *Ejercicio*

Fixed assets: *Activo fijo, Inmovilizado*

Fixed charge: *Cuota*

Fixed interest rate: *Interés fijo*

Fixed liabilities: *Pasivo fijo*

Fixed term deposit: *Imposición a plazo fijo*

Flat rate: *Tarifa plana*

Flight: *Vuelo*

Flight of capital: *Fuga de capitales, evasión de capitales*

Flow: *Flujo*

Fly (to): *Volar*

Free-lance person: *Autónomo*

Free of tax: *Libre de impuestos*

Free-trade zone, Customs-free zone: *Zona franca*

Foreign currency: *Divisas*

Form: *Impreso*

Form (to): *Constituirse*

Franchise: *Franquicia*

Franchising: *Franquicia*

Fraud: *Fraude, engaño*

Fraudulent: *Fraudulento*

Free sample: *Muestra gratuita*

Frontier: *Frontera*

Functionary: *Funcionario*

Fund: *Fondo*

Furniture: *Mobiliario*

Futures: *Futuros*

## G

Gain: *Beneficio, ganancia*

Gate: *Portal*

General manager: *Director general*

Gift: *Donación*

Globalization: *Globalización*

Globalized: *Globalizado*

Go bankrupt (to): *Quebrar*

Goods: *Bien*

Gratuity: *Propina*

Gross: *Bruto*

Guarantee: *Aval. Garantía*

## H

Hang up: *Colgar*

Heading: *Membrete*

Head office: *Sede*

Headquarters: *Sede*

Heir: *Heredero*

Hidden economy: *Economía sumergida*

Higher education: *Carrera universitaria, educación superior*

Hire (to): *Contratar, emplear*

Hoarding: *Valla*

Holder: *Titular*

Holding: *Participación*

Human resources: *Recursos Humanos*

Hygiene: *Higiene*

## I

Illegal: *Ilegal*

Implementation: *Aplicación*

Import: *Importación*

Import (to): *Importar*

Importation: *Importación*

Imported: *Importado*

Importer: *Importador*

Incentive: *Incentivo*

Income: *Renta*

Income tax: *Impuesto sobre la renta*

Incorporate: *Incorporar*

Index: *Índice*

Increase: *Subida*

Increase (to): *Incrementar, aumentar. Cargar*

Industry: *Sector*

Inflation: *Inflación*

Inherit (to): *Heredar*

Inheritance: *Herencia*

Insolvency: *Insolvencia*

Insolvent: *Insolvente*

Instability: *Precariedad*

Installment sale: *Venta a plazos*

Insurance: *Seguro*

Insure (to): *Asegurar*

Insured: *Asegurado*

Insurer: *Asegurador*

Interest: *Interés*

Interest for delayed payment: *Intereses por demora*

Interest rate: *Tipo de interés*

Intermediary: *Intermediario*

Internal Revenue Service (EE.UU.): *Agencia Tributaria*

Internationalization: *Internacionalización*

Inventories (EE.UU.): *Existencias. Inventario*

Inventory: *Inventario*
Invest (to): *Invertir*
Invested: *Invertido*
Investment: *Inversión*
Investor: *Inversor*
Invoice: *Factura*
Invoice (to): *Facturar*
Invoicing: *Facturación*

**J**
Job: *Tarea*
Jobber: *Intermediario*
Journal: *Libro Diario*

**L**
Labo(u)r: *Mano de obra*
Labo(u)r agreement: *Convenio colectivo*
Labo(u)r dispute: *Conflicto laboral*
Labo(u)rer: *Trabajador*
Labo(u)r union (EE.UU.): *Sindicato*
Land: *Terreno*
Land (to): *Aterrizar*
Landing: *Aterrizaje*
Launch: *Lanzamiento*
Leaflet: *Folleto*
Lease (to): *Arrendar*
Legal: *Legal*
Legality: *Legalidad*
Lend (to): *Prestar*
Lessen (to): *Reducir*
Let (to): *Arrendar*
Letter-head: *Membrete*
Levy: *Tasa*
Levy (to): *Gravar*
Levying of taxes: *Exacción fiscal*

Liabilities: *Pasivo*
Liability side: *Pasivo*
License: *Licencia*
Line: *Línea*
Line of business: *Objeto social*
Liquid assets: *Tesorería*
Liquidity: *Liquidez*
List (to): *Cotizar*
Load: *Carga*
Load (to): *Cargar, embarcar*
Loan: *Préstamo*
Loan (to): *Prestar*
Lodge (to): *Alojarse*
Lodgings: *Alojamiento*
Logistics: *Logística*
Long term: *Largo plazo*
Lose (to): *Perder*
Loser: *Perdedor*
Loss: *Pérdida*
Lost: *Perdido*
Lucrative: *Lucrativo*
Luggage: *Equipaje*

**M**
Machinery: *Maquinaria*
Mailing: *Buzonear*
Maintenance: *Mantenimiento*
Make (to): *Fabricar*
Making: *Fabricación*
Manage (to): *Gestionar*
Management: *Administración. Gestión*
Manager: *Directivo. Gerente*
Managing director: *Consejero delegado*
Manufacture: *Fabricación*

Manufacture (to): *Fabricar*
Manufacturer: *Fabricante*
Margin: *Margen*
Market: *Mercado. Feria*
Marketable: *Mobiliario*
Marketing: *Mercadotecnia*
Market niche: *Nicho de mercado*
Market share: *Cuota de mercado*
Memorandum: *Memorándum*
Merchandise: *Mercancía*
Mercantile: *Mercantil*
Merchant: *Comerciante*
Merger: *Fusión*
Misappropriation: *Malversación*
Mortgage: *Hipoteca*
Mortgage (to): *Hipotecar*
Mortgaged: *Hipotecado*
Movable goods: *Bienes muebles*
Move: *Traslado*
Multinational company: *Multinacional*
Mutual funds (EE.UU.): *Fondos de inversión*

**N**

Navigate(to): *Navegar*
Negotiate (to): *Negociar*
Negotiation: *Negociación*
Net: *Neto*
Noncurrent liabilities: *Pasivo fijo*

**O**

Occupation: *Oficio*
Onus: *Carga*
Offer: *Oferta*
Operation: *Operación*

Operator: *Operador*
Order: *Pedido*
Owe (to): *Adeudar, deber*
Owner: *Propietario*
Ownership: *Propiedad*

**P**

Pack (to): *Envasar*
Package: *Envasado*
Pact: *Pacto*
Partial: *Parcial*
Partner: *Socio*
Partnership: *Sociedad*
Passage: *Tránsito*
Path: *Trayectoria*
Pay (to): *Pagar, abonar*
Pay back (to): *Reintegrar*
Payment: *Pago*
Pay social security contributions (to): *Cotizar*
Pay taxes (to): *Tributar*
Penalise (to): *Penalizar*
Pensioner: *Jubilado*
Permit: *Licencia*
Personnel: *Personal*
Petition: *Instancia*
Platform: *Andén*
Poll: *Encuesta, sondeo*
Portfolio: *Cartera*
Position: *Puesto, cargo*
Post: *Cargo, puesto*
Potential: *Potencial*
Premium: *Prima*
Prevention: *Prevención*
Price: *Precio. Cotización*
Price reduction: *Descuento*
Privatization: *Privatización*

Privatize (to): *Privatizar*

Procedure: *Trámite*

Producer: *Fabricante*

Product: *Producto*

Productivity: *Productividad*

Profit: *Beneficio, ganancia, lucro*

Profit margin: *Margen de beneficios*

Program: *Programa*

Programmer: *Programador*

Promissory note: *Pagaré*

Promote (to): *Ascender. Promocionar*

Promotion: *Ascenso*

Promoter: *Promotor*

Proof: *Justificante*

Press (to): *Pulsar*

Profit and loss acount: *Cuenta de resultados*

Profitability: *Rentabilidad*

Protectionism: *Proteccionismo*

Provision: *Provisión*

Public servant: *Funcionario*

Public Treasury: *Hacienda Pública*

Purchase (to): *Adquirir*

Purchaser: *Comprador*

Put off (to): *Retrasar*

**Q**

Quantity: *Cuantía*

Quotation: *Cotización*

Quote: *Cotización*

Quote (to): *Cotizar*

**R**

Racketeer: *Estafador*

Raise (to): *Ascender*

Rank: *Rango*

Raw materials: *Materias primas*

Real estate: *Bienes inmuebles*

Realisable: *Realizable*

Rebate: *Descuento*

Receive payment (to): *Cobrar*

Reconversion: *Reconversión*

Reconvert (to): *Reconvertir*

Redeem (to): *Amortizar*

Reduction: *Reducción*

Reference: *Referencia*

Refund (to): *Reintegrar*

Register (to): *Facturar. Inscribir(se)*

Registered: *Inscrito*

Remuneration: *Remuneración, retribución*

Rendering services: *Prestación*

Rent: *Alquiler*

Rent (to): *Alquilar, arrendar*

Repay (to): *Amortizar*

Repayment: *Amortización, reembolso*

Replace (to): *Sustituir*

Report: *Informe*

Reserve: *Reserva*

Reserve (to): *Reservar*

Residence: *Residencia*

Resident: *Residente*

Resignation: *Dimisión*

Resolution: *Acuerdo*

Resources: *Recursos*

Retailer: *Minorista*

Retail sale: *Venta al detalle, venta al por menor*

Retention withholding: *Retención*

Retire (to): *Jubilarse*

Retiree: *Jubilado*

Retirement: *Jubilación*

Return: *Rendimiento*

Revenue: *Ingreso*

Right: *Derecho*

Ring off: *Colgar*

Rise: *Alza. Subida. Ascenso*

Risk: *Riesgo*


**S**

Sail (to): *Navegar*

Salary: *Salario, sueldo*

Sale: *Venta*

Sale and purchase contract: *Compraventa*

Sales: *Rebajas*

Save (to): *Ahorrar*

Savings and loan (EE.UU.): *Caja de ahorros*

Savings banks (R.U.): *Caja de ahorros*

Savings pass-book: *Libreta de ahorros*

Section: *Sección*

Sector: *Sector*

Securities market: *Mercado de valores*

Segment: *Segmento*

Seize (to): *Embarcar*

Selection: *Selección*

Self-employed person: *Autónomo*

Sell (to): *Vender*

Seller: *Vendedor*

Sell off (to): *Liquidar*

Sender: *Remitente*

Service: *Servicio*

Settle (to): *Liquidar*

Settlement: *Liquidación*

Share: *Acción*

Shop: *Tienda*

Short term: *Corto plazo*

Sick leave: *Baja*

Signature: *Firma*

Site: *Sitio*

Skilled: *Experto*

Sleeping partner: *Socio comanditario*

Slogan: *Eslogan*

Social security system: *Seguridad Social*

Solvency: *Solvencia*

Sponsor (to): *Patrocinar*

Sponsorship: *Patrocinio*

Stability: *Estabilidad*

Staff: *Personal*

Statement: *Informe*

Statement of account: *Extracto*

Step: *Trámite*

Stipulate (to): *Pactar*

Stock: *Fondo*

Stocks (R.U.): *Existencias. Inventario*

Stock exchange: *Bolsa*

Stock indexes: *Índice bursátil*

Stop: *Parada*

Stopover: *Escala*

Stopping-place: *Parada*

Store: *Tienda*

Strategy: *Estrategia*

Strike: *Huelga, paro*

Strike (to): *Pulsar*

Subsidiary company: *Filial*
Success: *Éxito*
Sum: *Cuantía, suma*
Supplier: *Proveedor*
Supplies: *Aprovisionamiento*
Supply: *Oferta*
Surplus: *Superávit*
Survey: *Encuesta. Estudio*
Sustenance: *Mantenimiento*
Swindle: *Estafa*
Swindler: *Estafador, timador*

**T**

Take off: *Despegue*
Take-off (to): *Despegar*
Tariff: *Arancel*
Task: *Tarea*
Tax: *Impuesto, tributo. Fiscal.*
Tax (to): *Gravar*
Tax abatement: *Desgravación*
Taxable: *Imponible*
Tax administration: *Fisco*
Tax allowance: *Desgravación*
Taxation: *Imposición*
Tax burden: *Carga fiscal*
Tax deduction: *Desgravación*
Tax charge: *Cuota*
Tax collection: *Recaudación*
Tax dodging: *Evasión fiscal*
Tax evasion: *Evasión fiscal*
Tax-free: *Libre de impuestos*
Tax haven: *Paraíso fiscal*
Tax liability: *Cuota*
Tax offense: *Delito fiscal*

Tax Office: *Agencia Tributaria*
Taxpayer: *Contribuyente*
Tax pressure: *Presión fiscal*
Tax rate: *Tipo impositivo*
Tax return: *Declaración tributaria*
Team: *Equipo*
Temporary: *Temporal*
Tendency: *Tendencia*
Term: *Plazo*
Time lag: *Retraso*
Tip: *Propina*
Trademark: *Marca*
Trader: *Comerciante*
Trade union (R.U.): *Sindicato*
Trading: *Mercantil*
Trading floor: *Parqué*
Trading volume: *Volumen de contratación*
Training: *Formación*
Trajectory: *Trayectoria*
Transaction: *Transacción*
Transfer: *Transferencia. Traslado*
Transit: *Tránsito*
Transnacional company: *Multinacional*
Transport: *Transporte*
Treasury: *Erario; Fisco*
Treaty: *Tratado*
Trend: *Tendencia*
Trick: *Engaño*
Trickster: *Estafador, timador*
Turnover: *Cifra de negocios*

**U**

Underground economy: *Economía sumergida*

Unemployed: *Desempleado*

Unemployment: *Desempleo, paro*

Unit trusts (R.U.): *Fondos de inversión*

Unlawful: *Ilegal*

Unload (to): *Descargar*

Unloading: *Descarga*

Unpaid: *Impago*

Unrestricted: *Disponible*

User: *Usuario*

**V**

Vacancy: *Vacante*

Value: *Importe, valor*

Variable: *Variable*

Variable interest rate: *Interés variable*

Visa: *Visado*

Voice mail: *Buzón de voz*

Voucher: *Justificante*

**W**

Wage: *Salario, sueldo*

Wealth: *Patrimonio*

Welfare state: *Estado de bienestar*

Wholesaler: *Mayorista*

Wholesale sale: *Venta al por mayor*

Win (to): *Ganar*

Winner: *Ganador*

Wipe out (to): *Cancelar*

Withdraw (to): *Disponer, retirar*

Withdrawal: *Reintegro*

Withhold (to): *Retener*

Won: *Ganado*

Worker: *Trabajador*

Workers committee: *Comité de empresa*

Working capital: *Capital circulante, fondo de maniobra*

Working day: *Jornada*

Working hours: *Jornada*

Work risks: *Riesgos laborales*

Write off (to): *Cancelar*